저출산·고령화 시대
수도권의 주택시장 특성과
장기적 주거입지 변화 예측

저출산·고령화 시대
수도권의 주택시장 특성과
장기적 주거입지 변화 예측

이창효 지음

※ 이 책은 저자의 박사학위논문(토지이용−교통 상호관계를 고려한 주거
입지 예측모델 연구)의 연구 내용 중 일부를 보완·발전시킨 것이며, 한국
연구재단의 일반연구자지원사업(NRF-2013R1A1A2058091)과 중견연구자지
원사업(No.2011−0028094)의 지원을 받아 수행되었음.

들어가며

도시는 인간이 만들어 낸 인공적인 환경(built environment)이자 인간의 삶을 담는 그릇으로, 생활을 영위하는 데 필요한 여러 가지 활동을 유지시켜 주는 터전이다. 인간이 도시에서 영위하는 모든 사회·경제적 활동인 도시활동(urban activity)[1]은 주거, 노동, 소비, 여가와 같이 특정한 장소에서 이루어지는 활동과 장소간의 이동을 통해 발생하는 모든 활동을 의미한다. 도시활동에서의 변화는 관련 토지이용에 영향을 미쳐 가구 또는 기업의 입지선택에 영향을 주게 되고, 그 결과 다시 도시활동의 패턴을 변화시켜 새로운 토지이용을 유도하는 상호 연계된 순환적 관계를 형성한다. 또한, 도시 구성요소들 사이의 상호작용과 조합의 정도에 따라 도시활동에 다양한 변화가 나타나게 된다.[2]

2000년대에 접어들면서 선진국에서는 도시를 계획·운영·개발·정비하면서 맞닥뜨리는 문제들을 보다 객관적·과학적으로 해결하기 위한 접근 방법에 대한 논의를 활발히 진행하고 있다. 도시를 여러 구성요소들로 이루어진 집합체로 보는 관점에서 도시에서의 변화에 대한 이해를 위해, 도시 구성요소들을 체계적이고 종합적으로

---

1) 대한국토·도시계획학회 편저, 2002, 토지이용계획론 개정판, 보성각, 서울.
2) 대한국토·도시계획학회 편저, 2008, 도시계획론 5정판, 보성각, 서울.

구조화한 도시모델(urban model)에 대한 요구가 대두하고 있다.[3] 이를 활용하는 목적은 복잡한 현실세계를 전산환경에서 모의실험하여 그 결과를 토대로 합리적 의사결정을 수행함으로써 계획가의 제한된 경험에 의존한 의사결정으로 인해 나타날 수 있는 오류를 줄이고, 과학적 분석과 예측을 통해 의사결정에 필요한 정보를 제공하기 위한 것이다.[4] 일찍부터 도시모델에 대한 연구가 축적된 선진국에서도 도시에서 발생하는 모든 변화를 예측한다는 것 자체가 불가능하고 모델 개발에 있어 많은 가정이 들어갈 수밖에 없기 때문에 아직까지 실제 도시의 변화를 완벽하게 예측할 수 있는 모델은 개발되지 않고 있다. 이러한 현실적 제약하에서, 도시모델에 대한 연구는 '완벽한' 모델의 개발이 아니라, 도시 구성요소들의 관계를 통계적 범위 안에서 '근접하게' 파악하고 도시의 변화를 집합적인 관점에서 조감해 보고자 하는 데 그 목적을 갖는다.

주거입지 변화에 대해 설명하려는 시도는 1960년대 Alonso의 연구 이후 도시계획 분야의 지속적인 관심의 대상이었으며, 다양한 관점에서 많은 연구가 진행되어 왔다. 그러나 국내의 연구 결과들은 기존 주거이동 또는 주거입지에 대한 특성 분석, 관련 영향요인들의 직접적인 관계에만 초점을 맞추어 온 결과, 제반 여건의 변화에 따른 주거이동 및 주거입지 패턴의 변화 예측에는 한계가 있었다. 그리고 장기적 주거입지 변화에 영향을 주는 핵심 요인 중 하나로 언급된 교통

---

3) Pagliara, F. and Wilson, A., 2010, "The State−of−the−Art in Building Residential Location Models", in *Residential Location Choice: Models and Applications*(Pagliara, F., Preston, J. and Simmonds, D. eds.), Springer, Verlag Berlin Heidelberg, pp.1−20.
   김태경 외, 2009, 도시성장관리모형 구축을 위한 기초연구, 경기개발연구원, 경기도 수원.
4) 이희연, 2007, "지속가능한 도시개발을 위한 계획지원시스템의 구축과 활용에 관한 연구", 대한지리학회지, 제42권, 제1호, 대한지리학회, 서울, 133−155쪽.

부문과의 연관성에 대해서도, 단순히 교통시설 이용 편리성 측면으로 한정하거나 도시의 고용 중심지 또는 직장까지의 직선거리만을 고려함으로써 현실성이 결여되었다는 한계가 있었다. 장기적 주거입지에 대한 변화 예측은 주거와 관련한 각각의 부문을 일방향적 관계로 접근하는 방식보다는 도시를 구성하는 각종 요소들 간의 관계 속에서 파악하는 것이 보다 합리적이다. 이는 도시의 구성요소들이 각기 독립적으로 작동하는 것이 아니라 상호 연결된 동태적 상호작용 관계를 형성하고 있기 때문이다.[5] 따라서 도시가구의 장래 주거입지 분포 패턴에 대한 변화 추이를 예측하기 위해서는, 도시를 구성하는 다른 도시활동과 토지이용의 시공간적 분포 패턴의 변화, 그리고 관련 구성요소들의 상호 연관성을 구조적으로 파악하여 이해하고, 적정한 범위와 수준의 통합적 예측 수단을 개발하여 적용할 필요가 있다.

1950년대 말에서 1970년대 중반까지 베이비 붐(baby boom) 세대 출현 이후로부터 최근 저출산 현상이 나타나기 전까지, 우리나라에서는 인구의 자연적 증가가 매우 빠르게 진행되었다. 뿐만 아니라, 1960년대 이후의 산업화와 도시화는 이촌향도(離村向都)라 일컫는 도시로의 인구집중 현상, 즉 인구의 사회적 증가를 초래하였다. 이로 인해, 도시지역에서는 과밀, 교통 혼잡, 도시환경의 악화 등 다양한 도시문제가 발생하였다. 주거지역은 시가지 면적의 약 40~70%에 해당하는 가장 넓은 면적을 점하는 중요한 도시 내 지역이자, 개인 또는 가구가 노동, 소비, 여가 등 도시활동을 영위하기 위한 터전으로의 역할을 한다. 이러한 주거지역에서 대두된 문제는 도시화로

5) 문태훈, 2007, 시스템사고로 본 지속가능한 도시, 집문당, 경기 파주.

인한 각종 문제들 중에서도 핵심 쟁점이었다. 주택수요의 급격한 증가에 비해 주택 공급량은 충분치 못하였고, 그에 따른 주택의 절대적 부족은 무허가 불량 주거지역의 형성으로 이어졌다. 주택시장에서의 수급 불균형, 경제 발전과 가구 소득 증가로 인해 대두하기 시작한 주거환경 개선에 대한 요구, 그리고 부동산이 안정적 투자처라는 인식 등이 복합적으로 작용하여 주택가격을 끌어올리는 시장 메커니즘이 장기간 작동하였다.

이와 같은 문제에 대응하여, 정부는 정책적으로 신규 택지를 개발하고 열악하거나 노후한 주거지에 대한 정비사업을 추진함으로써 공급 중심의 주택정책을 적극적으로 시행하였다. 그 결과, 2005년도 인구주택총조사에서 전국의 주택보급률은 98.3%(기존 주택보급률 산정기준 105.9%)에 달할 정도로[6][7] 주택의 절대 부족 문제는 일정 부분 해소되었다.[8] 반면, 최근에 이르러 주택시장 관련 제반 여건들은 과거와 다른 양상을 보이고 있다. 이러한 변화의 핵심 요인으로, 수요 측면에서는 인구구조의 고령화와 가구규모의 소형화 같은 인구·사회학적 변화, 그리고 공급 측면에서는 주택 임대시장에서의 변화, 즉 전세시장의 위축과 보증부월세와 순수월세 등 월세시장의 확대를 언급할 수 있다.[9] 인구·사회학적 변화는 혼인, 출산, 취업, 퇴직 등 개인 또는 가구 생애주기(life-cycle) 패턴의 변화가 장기간 누적된 결과이다. 또한, 주택 임대시장에서의 공급형태 변화 역시

6) 국토해양부, 2008, 2008년도 주택종합계획, 경기 과천.

7) 국토해양부는 2008년 12월 30일, 주택 수에 다가구의 구분거처 수를 반영하고 가구 수는 보통 가구에서 일반가구로 대체하는 '새로운 주택보급률' 산정방법을 발표하였음.

8) 이창효 외, 2009, "서울시 주거환경의 평가와 주택가격과의 정합성 분석", 국토계획, 제44권, 제3호, 대한국토·도시계획학회, 서울, 109-123쪽.

9) 박병식, 2002, "전·월세제도의 이론적 고찰-모의실험을 통한 투자수익률 계산을 중심으로-", 부동산학연구, 제8권, 제1호, 한국부동산분석학회, 서울, 57-69쪽.

시장 여건과 수요자 요구의 변화에 따라 그에 부합하는 상태로 전환되고 있는 것이라 할 수 있다. 이는 도시민의 활동, 그중에서도 가구의 주거이동과 밀접히 관련되며,[10] 장기간 누적된 주거이동 패턴은 결국 가구 주거입지의 공간적 분포 패턴 변화로 나타나게 된다.[11] 이는 단기적으로 큰 변화를 체감하기 어렵지만, 중·장기적 측면에서 작게는 개인과 가구의 활동패턴과 근린지역의 특성, 더 나아가면 도시민의 도시공간 이용 행태를 구조적으로 변화시킬 수 있다.[12]

이 책은 경제·사회적인 여건의 변화에 직면하고 있는 수도권 주택시장에서의 주거이동 및 주거입지 변화 특성에 대하여 확인하고, 장기적인 주거입지 변화 패턴에 대한 예측 수단으로 활용할 수 있는 개념적 모델을 제시하고자 한다. 이를 위하여, 2000년대 수도권 주택시장에서의 제반 여건 변화 특성에 대하여 살펴보고, 기존 연구결과의 검토를 통하여 주거입지 변화와 관련한 이론과 영향요인을 확인하였다. 더불어, 수도권을 대상으로 주거이동과 주거입지 선택, 그리고 주택 점유형태 선택과 관련한 변화 패턴을 확인하고, 실증분석을 통하여 이러한 변화 양상에 미치는 영향요인을 도출하였다. 이를 바탕으로, 장래 주택시장의 장기적 변화를 예측하기 위한 수단과 관련한 개념적 모델을 제시하였다.

---

10) 김태현, 2008, "서울시내 주거이동의 시·공간적 특성", 서울대학교 환경대학원 환경계획학과 박사학위논문, 서울.
   Knox, P. and Pinch, S., 2009. *Urban Social Geography: An Introduction 6th Edition*, Prentice Hall, New Jersey.

11) Short, J. R., 1978, "Residential Mobility", *Progress in Human Geography*, Vol.2, pp.419-447.

12) Brown, L. A. and Holmes, J., 1971, "Search Behaviour in An Intra-urban Migration Context: A Spatial Perspective", *Environment and Planning A*, Vol.3, pp.307-326.
   Brummell, A., 1979, "A Model of Intraurban Mobility", *Economic Geography*, Vol.55, No.4, pp.338-352.
   Moore, E. G., 1972, "Residential Mobility in the City", *Association of American Geographers Resource Paper*, No.13, pp.1-53.
   Short, J. R., 1978, op. cit.

❏ Contents

〈표 차례〉

〈그림 차례〉

Ⅰ. 2000년대 한국 주택시장의 여건 변화

얼마 전까지만 해도 국내 주택시장에서는 주택의 양적 부족문제 해결을 위해 주택보급률의 증대라는 거시적이고 총량적인 문제를 핵심 관심사로 다루었다.[1] 따라서 그동안의 주택정책 방향 역시 '주택 공급을 통한 시장안정', '아파트 중심의 주택 공급', 그리고 '도시 확산형 택지개발' 등 주택의 양적 공급에 치우쳐 있었다.[2] 그러나 2010년도 인구총조사 주택부문 전수집계 결과에 따르면, 2010년 11월 1일 기준, 전국의 주택보급률은 100%를 초과하였고 전국에서 가장 낮은 주택보급률을 보인 서울 역시 97.0%에 달하는 것으로 나타났으며, 전국의 모든 지역에서 지난 2005년의 조사 결과에 비해 전반적으로 상승한 것으로 나타나고 있다(<표 Ⅰ-1> 참조).

---

1) 김윤기, 1988, "도시내 주거이동에 관한 이론적 고찰 및 한국적 연구모형의 개발", 지적논총, 제2권, 청주대학교 지적학회, 충북 청주, 49-89쪽.
2) 정일호 외, 2010, 주택정책과 교통정책의 연계성 강화방안: 수도권 가구통행 및 주거입지 분석을 중심으로, 국토연구원, 경기도 안양.

<표 Ⅰ-1> 주택보급률 변화

구분	2005년	2006년	2007년	2008년	2009년	2010년
전국	98.3%	99.2%	99.6%	100.7%	101.2%	101.9%
수도권	96.0%	95.7%	95.0%	95.4%	95.4%	99.0%
서울	93.7%	94.1%	93.2%	93.6%	93.1%	97.0%

출처: 통계청 인구총조사

이러한 주택시장에서의 변화 양상은 '공급자 주도의 시장'에서 '소비자 주도의 시장'으로, '양적 주택수요'에서 '질적 주택수요'로의 전환을 의미하는 대표적인 지표이다. 소비자의 주택에 대한 인식 역시 '소유'에서 '사용'으로 변화하고 있으며, 주거소비에 있어서의 고려 대상도 단순히 물리적 단위주택에 머무르던 것에서 탈피하여 사회·심리적 환경까지 포함한 일련의 주거공간으로 확대되고 있다.[3] 이러한 현상을 초래한 최근에 주택시장 관련 제반 여건의 변화는 다음과 같다.

1. 수요 측면의 변화

수요 측면에서의 대표적인 변화 요인으로는 인구학적 변화, 저성장 경제구조로의 전환, 가계부채와 자산 구성의 변화 등을 언급할 수 있다. 그중에서 최근 두드러지고 있는 현상은 인구·가구구조에서의 변화이다. 인구·가구구조의 변화는 1980년대 이후의 출산율 변화와 함께 시작된 것으로, 개인의 프라이버시와 독립성을 강조하

---

[3] 김정수·이주형, 2004, "가구특성에 따른 주택선택 형태에 관한 연구", 국토계획, 제39권, 제1호, 대한국토·도시계획학회, 서울, 191-204쪽.
최열, 1999, "도시내 주거이동 결정요인과 희망 주거지역 분석", 국토계획, 제34권, 제5호, 대한국토·도시계획학회, 서울, 19-30쪽.

는 측면으로 가치관이 전환되면서 초혼연령의 상승과 출산율 저하 현상이 본격화되었고, 이는 최근에 더욱 심화되고 있다. 2010년 기준 초혼연령은 남성 31.84세, 여성 28.91세이며, 이는 1990년에 비하여 남성은 4.05세, 여성은 4.13세가 늦어진 것이다. 출산율 역시 1983년에 최초로 인구 대체 수준[4]인 2.1명 이하를 기록한 이래, 2000년대 이후에는 1.5명 미만의 출산율이 지속되고 있다.

<표 Ⅰ-2> 전국 평균 초혼연령 변화

구분	남성(세)	여성(세)
1990년	27.79	24.78
1995년	28.36	25.32
2000년	29.28	26.49
2005년	30.87	27.72
2010년	31.84	28.91

출처: 통계청 인구총조사

<표 Ⅰ-3> 전국 평균 출산율 변화

구분	출산율(명)
1980년	2.83
1990년	1.60
2000년	1.47
2005년	1.08
2010년	1.23

출처: 통계청 인구동향조사

  소득수준의 향상과 의료기술의 발전에 발맞추어 평균 수명이 연장되면서, 고령화 추세 역시 사례를 찾기 어려울 정도로 빠르게 진

---

4) 인구를 현상 유지하는 데 필요한 출산율을 의미함.

행되고 있다. 우리나라는 2000년에 이미 65세 이상 인구비율이 7%를 넘어 고령화사회에 진입하였고, 2018년에는 14%를 넘어서는 고령사회, 그리고 2025년경에는 고령인구가 20%를 초과하는 초고령 사회에 진입할 것으로 예측되고 있다.

<표 Ⅰ-4> 65세 이상 인구 구성비 변화

구분		65세 이상 인구 구성비(%)
2000년		7.2
2005년		9.1
2010년		11.0
예상치	2015년	12.9
	2020년	15.7
	2025년	19.9

출처: 통계청 장래인구 특별추계

이와 같은 인구·가구구조 측면에서의 변화들로 인해 전체 가구에서 1인 가구, 부부가구, 그리고 부부와 한 명의 자녀로만 구성된 가구 등 소규모 가구의 비중이 빠르게 증가하고 있다. 이러한 현상은 앞으로 소형 주택에 대한 수요 증가와 함께 주거입지 선택에 있어서도 변화 요인으로 작용할 가능성이 클 것으로 예상된다.[5]

---

5) 김완중 외, 2010, 중장기 주택시장 변화요인 점검 및 전망, 하나 금융정보, 제35호, 하나금융경영연구소, 서울.
김정수·이주형, 2004, 앞의 논문.
손은경, 2011, 전세시장의 불안요인 및 시장변화 가능성 점검, 하나 금융정보, 제13호, 하나금융경영연구소, 서울.
이홍일·박철한, 2011, 중장기 국내 주택시장 전망-수요 및 공급요인 분석을 중심으로-, 건설이슈포커스, 한국건설산업연구원, 서울.
정승재, 2009, 국내 주택시장의 특성과 중장기 수급 및 가격전망, KIS Credit Monitor, 한국신용평가, 서울.

2. 공급 측면의 변화

공급 측면에서의 변화는 전세난과 중대형아파트 미분양 등 최근 주택시장의 이슈와 관련한 것이다. 2008년 미국의 비우량 주택담보 대출(sub-prime mortgage) 사태에서 촉발된 금융위기에 영향을 받은 국내 주택시장의 침체는 주택가격 하락을 야기함과 동시에 중대형 아파트의 대규모 미분양 현상을 유발하는 원인이 되었다. 이는 부동산에 대한 투자가치 하락으로 이어져 자가 보유에 따른 기회비용을 증가시켰고,[6] 주택가격 상승을 전제로 형성되어 온 전세 임대시장에서의 공급부족 현상을 유발하였다. 또한, 일반적으로 주거소비에 있어 가장 낮은 주거비용이 소요되는 것으로 알려져 있는 전세에 대한 수요는 가구원 수 감소에 따른 가구 수 증가와 함께 증가하였다. 결국, 주택 매매시장에서의 대기수요 증가와 전세 임대시장에서의 수요초과 현상이 초래되었다.

<표 Ⅰ-5> 주택 점유형태 변화

(%)

구분	연도	계	자가	전세	월세 보증부월세	순수월세	사글세	기타
전국	2006년	100.00	55.57	22.39	15.07	2.10	1.79	3.09
	2008년	100.00	56.39	22.34	14.80	1.93	1.53	3.02
	2010년	100.00	54.25	21.66	18.16	1.97	1.30	2.66
서울	2006년	100.00	44.59	33.24	18.51	1.53	0.51	1.63
	2008년	100.00	44.91	33.53	18.34	1.26	0.42	1.54
	2010년	100.00	41.21	32.81	22.34	1.74	0.52	1.39

출차: 통계청 주거실태조사(편집)

---

6) 위의 글.

이와 함께, 금융위기 이후의 저금리 기조 유지로 인해 주택 임대시장에서 주택을 소유한 임대자들은 전세보다 안정적으로 정기적인 임대수익을 기대할 수 있는 월세로 임대방식을 전환하고 있다.[7][8] 통계청의 주거실태조사 결과를 살펴보면, 2008년 이후, 자가가 차지하는 비중이 낮아지고 전세의 비중 역시 다소 감소한 반면, 월세의 비중은 크게 높아진 것을 확인할 수 있다.

베이비 붐 세대의 은퇴가 주택 임대시장에서의 월세 증가 현상을 가속화할 가능성 역시 제기되고 있다. 2010년부터 시작된 것으로 보이는 1, 2차 베이비 붐 세대, 즉 1955년생부터 1974년생의 퇴직은 부동산시장에서의 변화에 영향을 줄 것으로 예상되고 있다. 국내 가계 자산의 대부분을 차지하는 부동산은 45세 이상 연령층에서는 90%에 달하는 실정이며, 본인이 거주하지 않는 부동산을 월세 형태로 임대하는 비율은 30~40대가 30% 미만인 데 비해, 50대 이상의 경우는 50% 이상이다. 따라서 베이비 붐 세대의 퇴직 시, 본인이 보유한 부동산을 월세로 전환하여 노후 생활의 소득원으로 활용할 가능성이 예상되며,[9] 이는 결국 향후 월세 임대시장의 성장 요인으로 작용할 것이다.

---

7) 보증부 월세, 순수월세, 그리고 사글세를 모두 포함함.
8) 손은경, 2011, 앞의 글.
9) 위의 글.

II. 주거입지 변화의 이론

1. 도시생태학적 관점의 이론

시카고학파라 일컬어지는 19세기 초의 도시생태학자들은 주거입지의 공간적 패턴 변화에 대해 최초로 논의하였다. 이는 개인과 가구의 주거이동이 장기간 누적된 결과로 나타나는 도시의 공간적 구조의 변화와 관련한 것이다.[1] 도시생태학자들은 특정 집단 또는 활동이 영역을 '침입(invasion)'함으로써 기존에 그 영역을 점유하고 있던 집단을 밀어내고 지배하여 결국 완전히 '계승(succession)'하게 되는 일련의 과정을 통해, 결과적으로 새로운 집단이나 활동으로 '분

---

1) 윤복자, 1992, "주거학을 중심으로 한 주거이동의 학문적 체계", 한국주거학회 학술발표대회 논문집, 제3권, 한국주거학회, 서울, 11 - 31쪽.
임창호 외, 2002, "서울 주변지역의 이주 특성 분석", 국토계획, 제37권, 제4호, 대한국토·도시계획학회, 서울, 95 - 108쪽.
천현숙, 2004, "수도권 신도시 거주자들의 주거이동 동기와 유형", 경기논단, 봄호, 경기개발연구원, 경기 수원, 91 - 111쪽.

화(segregation)'하는 생태계의 현상을 도시공간에 적용하였다.[2]

시카고학파의 일원이었던 Burgess는 동심원모형(concentric model)에서, 도시의 중심부에 위치한 중심업무지역(Central Business District: CBD)이 가장 높은 접근성과 지가를 갖게 되고 도시의 외곽지역일수록 낮은 접근성과 지가를 보이는 현상에 기초하여, 도시공간이 중심업무지역으로부터 통근자 주거지역까지 5개 유형의 지역으로 구분되는 도시성장모형을 제시하였다. 동심원모형은 저소득층이 생활수준의 향상에 따라 보다 나은 주택을 구매하거나 임차함으로써 교외지역으로 주거입지를 변화시켜 가는 과정을 설명하였다. Hoyt는 선형모형(sector model)에서 고소득층 주거지의 환경이 악화됨에 따라 고소득층이 기존에 영위하던 주거환경 수준을 유지하기 위해 교통로를 따라 도시 외곽의 새로운 주거지로 이주하고, 기존 주거지는 저소득층에 의해 연속적으로 점유되는 주거지 분화 과정을 언급하였다. 이는 주택 및 주거환경의 질적 변화와 가구 주거이동 사이의 관계를 설명하는 주택 여과과정(filtering process)과 공가연쇄(vacancy chain)를 내포한 최초의 도시성장/주거이동 모형으로서 의미를 지닌다([그림 Ⅱ-1] 참조).[3]

---

2) 대한국토·도시계획학회 편저, 2008, 토지이용계획론 3정판, 보성각, 서울.

3) 김윤기, 1988, 앞의 논문.
   Short, J. R., 1978, op. cit.

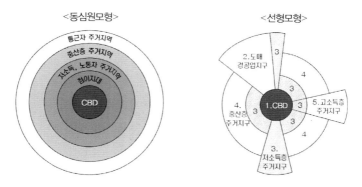

|그림 Ⅱ-1| 도시생태학적 관점의 주거입지 변화 모형

도시생태학적 관점에서의 주거입지 변화 모형은 단지 도시공간에
서의 외연적 변화 현상에 대한 관찰을 통하여 주거지 분화 현상을
설명한 것일 뿐이라는 이론적 한계가 있다. 특히, 주거이동과 주거
입지 변화의 원인으로 작용하는 경제, 문화, 제도 등 도시 내 사회적
측면과 관련한 주요 요인들의 관계를 분석해 내지 못하였다.[4)]

2. 도시경제학적 관점의 이론

도시경제학적 관점에서 주거입지 선택에 대해 언급한 대표적인
이론과 모형에는 입찰지대(bid-rent)와 상쇄모형(trade-off model), 사
용자 비용(user cost), 그리고 확률선택모형(probabilistic choice model)
등이 있다.

입찰지대와 상쇄모형은 도시 내부의 토지이용 분포패턴을 도심지

---

4) 대한국토・도시계획학회 편저, 2008, 앞의 책.

역으로부터의 거리에 기초하여 설명하였다[그림 Ⅱ-2] 참조). 입찰
지대는 도시의 토지이용 패턴과 관련하여 도심 인근지역의 높은 교
통 접근성으로 인해 높은 지대 지불 능력을 가진 용도에 의해 해당
지역이 독점된다고 설명하였다. 그리고 상쇄모형은 Alonso(1964),
Muth(1967), 그리고 Mills(1972)에 의해 제안·발전된 모형으로, 신
고전경제학과 미시경제학에 기초한다.5) 상쇄모형은 주거입지와 관
련한 재화와 서비스의 소비과정에서 소비 주체들이 효용을 최대화
하는 행태를 보인다는 점을 전제로 하고 있으며,6) 이에 따라 도시
내 가구들이 예산제약(소득수준)하에서 대체관계에 있는 주거비용과
교통비용을 기초로 소비지출이 최소화되는 입지를 선택한다고 하였
다. 이와 같은 이론적 모형들은 교통비용을 주거입지 선택의 주요
요인으로 파악하였다.7)

---

5) 정일호 외, 2010, 앞의 책.
　천현숙, 2004, 앞의 책.
　Short, J. R., 1978, op. cit.

6) 대한국토·도시계획학회 편저, 2008, 앞의 책.

7) 김윤기, 1988, 앞의 책.
　신은진·안건혁, 2010, "소득별 1인가구의 거주지 선택에 영향을 미치는 요인에 대한 연구: 서울
　시 거주 직장인을 대상으로", 국토계획, 제45권, 제4호, 대한국토·도시계획학회, 서울, 69-79쪽.
　Short, J. R., 1978, op. cit.

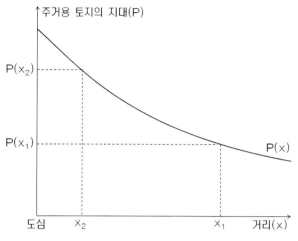

[그림 Ⅱ-2] 주거용 토지의 단위면적당 입찰지대

상쇄모형과 입찰지대는 주거입지에 대한 선택 구조를 단순화하여 논리적으로 정의하고자 하였다. 그러나 직장은 모두 도심에 위치하고 그 수는 일정하며, 모든 가구에는 한 명의 고용자만이 있고, 주택은 동일한 질적 수준을 갖고 있으며, 교통비는 도심으로부터의 거리에 비례한다는 등[8] 현실적이지 못한 여러 가정을 모형에 포함하였다. 즉 가구의 주거입지 선택의 행태를 지나치게 단순화함으로써 실제 도시에 이를 적용하는 데 한계가 있다는 점이 문제점으로 언급되고 있다.[9]

주택시장에서 의사결정 주체인 가구가 주거서비스를 선택하는 기준은 저량(stock) 개념으로서의 가격이 아니라 유량(flow) 개념으로서의 가격, 즉 주거비용이다. 주거서비스에 대한 유량 개념으로서의

---

8) 대한국토·도시계획학회 편저, 2008, 앞의 책.
9) 윤복자, 1992, 앞의 논문.

가격으로 주로 사용되고 있는 개념은 사용자 비용이다.[10] 사용자 비용은 기업의 투자행위를 분석하기 위해 개발한 신고전주의 투자이론(neoclassical investment theory)에서 주로 사용되는 개념이지만,[11] 주택시장에서의 사용자 비용은 의사결정 주체가 주택을 소비하는 과정에서 얻는 효용(utility)을 고려하여 자가 소유나 임대 등 주택의 점유형태를 선택하는 기준으로 활용되고 있다. 다시 말하면, 주택의 점유형태 결정과 자가 소유자의 주거서비스 수요에 대한 결정이 사용자 비용에 의해 영향을 받게 된다는 것이다.[12] 사용자 비용은 주거이동 결정과 주거입지 선택 과정에서 주택의 점유형태 결정을 설명할 수 있는 이론으로, 우리나라와 같이 독특한 주택 임대차제도를 갖고 있는 주택시장에서 의사결정 주체인 개별 가구의 주택 점유형태 결정과정을 계량적으로 예측하기 위한 이론적 기초를 제공한다.

경제학, 경영학 지리학, 사회학, 도시계획, 교통계획 등 광범위한 분야에서 의사결정 주체의 선택행태를 설명하기 위해 활용되고 있는 정량적 수단은 확률선택모형이다.[13] McFadden(1981)에 의해 개발·발전된 확률선택모형은 개별 의사결정 주체의 선택행위 이론에 근거하고 있다. 확률선택모형은 소비자의 선택행위에 포함된 불확실성을 결정론적 방법만으로 정확하게 추정할 수 없으므로 이를 보완하는 방법으로 확률론적 개념을 도입한 것이다.[14] 이 모형은 모든

---

10) 정의철, 1996, "주택점유형태의 결정 및 자가주택수요에 적합한 사용자비용 및 소득세율", 재정논집, 제11집, 한국재정학회, 서울, 163-184쪽.
11) 김성배, 1992, "사용자비용의 개념과 그 활용에 관하여", 국토, 통권132호, 국토연구원, 경기 안양.
12) 윤복자, 1992, 앞의 논문.
   정의철, 1996, 앞의 논문.
13) 윤대식, 2011, 도시모형론: 분석기법과 적용 제4판, 홍문사, 서울.

의사결정 주체가 항상 자신의 효용을 최대화하려는 합리성을 지닌다는 가정에 근거하며, 각 대안의 효용은 대안에 대한 속성함수로 표현된다. 이것이 바로 효용함수이다. 확률선택모형에서 개인 n에게 있어 대안 i를 선택할 확률은 개인 n의 대안 i에 대한 효용이 다른 모든 대안의 효용보다 크거나 같으며, 이는 다음과 같이 표현할 수 있다.[15]

$$P_n(i) = \text{Prob}(U_{in} \geq U_{jn}, \forall_j \in C_n)$$
$$= \text{Prob}(V_{in} + \epsilon_{in} \geq V_{jn} + \epsilon_{jn}, \forall_j \in C_n)$$
$$= \text{Prob}(V_{in} - V_{jn} \geq \epsilon_{jn} - \epsilon_{in}, \forall_j \in C_n)$$

단, $P_n(i)$: 개인 n이 대안 i를 선택할 확률

C_n: 개인 n이 선택할 수 있는 대안들의 집합

U: 효용함수

V: 결정적 효용, ϵ: 확률적 효용

확률선택모형의 구체적 형태는 확률적 효용 ϵ_{in}에 대한 확률분포의 구체적인 가정에 의해 결정되며, 선형확률모형(linear probability model), 프로빗모형(probit model), 로짓모형(logit model) 등 세 가지 대표적 형태가 있다. 확률적 효용 ϵ_{in}에 대한 확률분포로 선형확률모형은 균일(uniform)분포, 프로빗모형은 정규(normal)분포, 그리고

---

14) 김정수 · 이주형, 2004, 앞의 논문.
   윤복자, 1992, 앞의 논문.
15) 윤대식, 2011, 앞의 책.

로짓모형은 와이블(weibull)분포를 가정한다.16)17)

확률선택모형을 주거입지의 변화 예측에 적용할 때, 대안 선택을 위한 효용함수에 활용되는 개념은 입지효용(place utility)이다. 입지 효용은 의사결정 주체가 자신들이 가진 정보를 바탕으로 공간상의 특정 장소에 대하여 도출한 순효용으로, 주거이동 결정과 주거입지 선택에서는 관련한 의사결정 주체의 만족 또는 불만족 수준으로 표 현할 수 있다.18) 주거이동 결정과 주거입지 선택은 일련의 연속된 과정으로, 이 과정에서 의사결정 주체는 내부적 고려사항인 주거 관 련 요구와 기대감, 외부적 고려사항인 입지적 특성을 만족하는 기회 를 탐색하고 그와 같은 기회들로부터 자신의 선호를 결정한다.19) 경 제학적 관점에서의 주거이동 결정과 주거입지 선택은 입지효용 최 대화의 관점에서, 검토한 대안들에 대해 순효용의 용인과 부정을 확 률론적으로 구분한다.

이와 같이, 도시경제학적 관점의 주거입지 관련 이론과 모형은 근본 적으로 의사결정 주체의 합리성, 즉 '합리적 경제인(homo economicus)' 을 가정하고 있다. 주거이동 결정과 주거입지 선택에서도 의사결정

16) 위의 책.

17) 선형확률모형은 분포의 형태가 무작위 효용이론(random utility theory)의 원리에 어긋난다는 이 론적 약점을 갖고 있고 프로빗모형은 계산이 어렵다는 단점이 있어 로짓모형이 가장 널리 이 용되고 있음.

18) 정일호 외, 2010, 앞의 책.
Wolpert, J., 1965, "Behavioral Aspects of the Decision to Migrate", *Papers of the Regional Science Association*, Vol.15, pp.159−169.

19) Brown, L. A. and Longbrake, D. B., 1970, "Migration Flows in Intraurban Space: Place Utility Considerations", *Annals of the Association of American Geographers*, Vol.60, No.2, pp.368−384.
Brown, L. A. and Moore, E. G., 1970, "The Intra−Urban Migration Process: A Perspective", *Geografiska Annaler, Series B, Human Geography*, Vol.52, No.1, pp.1−30.
Moore, E. G., 1972, op. cit.
Simmons, J. W., 1968, "Changing Residence in the City: A Reviews of Intra−Urban Mobility", *Geographical Review*, Vol.58, No.4, pp.622−651.

주체인 개별 가구가 효용을 최대화하는 결정을 실행한다는 것을 가정하고 있다.

3. 토지이용 – 교통 상호작용 이론

도시문제 해결과 지속 가능한 도시 관리는 도시를 구성하는 특정한 어느 한 부문의 문제에 국한된 것이 아니며, 도시는 정태적 균형의 틀로 표현하기에는 너무나도 복잡하다. 따라서 도시는 도시를 구성하는 하위 구성요소들이 밀접한 상호작용을 이루며 작동하는 하나의 시스템이라는 관점으로 이해하고 접근할 필요가 있다.[20] 이와 관련하여, 도시 변화에 대한 핵심 이론으로 등장하고 있는 것이 시간의 흐름을 모형에 포함시키는 동태성(dynamics) 개념이다.[21]

동심원모형, 선형모형 등 전통적인 도시생태학적 관점의 도시모형은 모형 자체에 공간적 관점을 내포하고 있지만, 기본적으로 사회학에 기초한 모형이자 이론이었다. 따라서 공간과 시간 개념은 모형 개발을 위한 분석과정에서 기초적인 수준으로만 다루어졌고, 개발된 모형들은 안정적인 균형점으로 수렴하는 사회체계를 가정했던 반 – 진화론자(anti – evolutionist)의 결과물이었다. 신고전경제학과 미시경제학에 기초한 도시공간 이론 역시, 접근성으로 대표되는 교통부문에

---

20) 문태훈, 2007, 앞의 책.

21) Pagliara, F. and Wilson, A., 2010, op. cit.
Simmonds, D. et al., 2011, "Equilibrium v. Dynamics in Urban Modelling", Simposium on Applied Urban Modelling(AUM 2011), 'Innovation in Urban Modelling', University of Cambridge, Cambridge, pp.1 – 20.

대한 고려와 함께 수요와 공급의 균형에 기초를 두고 있으며, 이러한 균형을 달성하는 데 필요한 조정과정에 대해서는 간과하였다.[22]

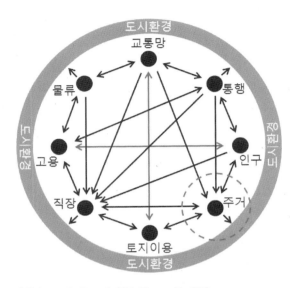

(출처: Simmonds, D. et al., 2011; Wegener, M., 1994)

[그림 Ⅱ-3] 도시시스템 개념과 하위 구성요소

도시와 도시를 구성하는 하위 요소에 대하여, Wegener(1994)는 변화하는 속도에 차이는 있으나, 서로 유기적으로 연결되어 밀접한 관계를 맺고 있는 9개의 하위 구성요소가 포함된 도시시스템을 제시하였다. [그림 Ⅱ-3]은 8개 하위 구성요소 사이의 핵심적인 상호관계, 그리고 각 구성요소와 9번째 구성요소인 도시환경 사이의 관계를 나타낸다. Pagliara & Wilson(2010)과 Simmonds(2010)는 하위

---

22) Ibid.

구성요소 간 시간적 변화의 차이를 표현하는 개념인 도시시스템을 통해 도시활동 변화에 대한 합리적 예측이 가능하다고 주장하였다. 도시시스템에서 시간적 측면을 표현하는 가장 일반적인 형태는 특정 시점의 마지막 상태를 연속되는 다음 시점의 초기 상태로 제공하는 순환적(recursive) 또는 준-동태적(quasi-dynamic) 기법이다.[23]

<표 Ⅱ-1> 도시시스템 관련 요소의 변화과정

변화속도	하위 구성요소	반응시간(년)	반응기간(년)
느림	산업시설	3~5	50~100
	주택	2~3	60~80
	교통망	5~10	>100
중간	고용	2~5	10~20
	인구·가구	0~70	0~70
	교통수단	3~5	3~5
빠름	직장	<1	5~10
	주거	<1	5~10
	통행	<1	2~5

출처: Wegener, M. et al.(1986)

도시시스템에서, 주거, 직장, 통행의 변화와 같이 속도가 빠른 인간활동과 비교하면 토지이용의 변화는 상대적으로 변화의 속도가 느리다. 이러한 구성요소 사이의 상호관계에 기초한 도시 변화 예측은 구성요소별 변화의 속도를 구별해 내야 하고, 구성요소 간의 민감성, 변화 기간, 영향력에 대한 관계 설정을 필요로 한다.[24] 이러한

---

23) Ibid.
Wegener, M., 1994, "Operational Urban Models: State of the Art", *Journal of the American Planning Association*, Vol.60, Issue.1, pp.17-29.

24) Simmonds, D. et al., 2011, op. cit.

관계를 구조적으로 설명한 대표적 사례가 토지이용-교통 상호작용이며, 이를 도시공간의 변화 예측 수단으로 개발한 것이 토지이용-교통 상호작용 모형이다.

토지이용-교통 상호작용은 두 체계 간의 시공간적 조화를 통해 효율적이고 합리적인 도시공간의 형성을 가능케 하는 상호 의존적 관계를 의미한다.25) 토지이용에서의 변화는 교통시설의 이용 행태에 영향을 줌으로써 통행수요를 변화시키며, 새롭게 변화한 통행행태에 적응하기 위해 점진적으로 토지이용에 변화가 발생하는 반복적인 상호 순환관계를 갖게 된다. 이 과정에서 토지이용은 활동패턴의 변화를 유발하여 교통수요를 발생시키는 요인으로 작용하며, 교통은 접근도의 변화를 통해 토지이용에 영향을 주게 된다. Wegener(1996)는 이와 같은 토지이용과 교통의 순환적 상호작용을 [그림 Ⅱ-4]와 같이, 시간적 흐름을 포함한 피드백 사이클로 표현하였다.

---

25) 이승일 외, 2011, "토지이용-교통 통합모델의 개발과 운영", 도시정보, 제356호, 대한국토·도시계획학회, 서울, 3-17쪽.

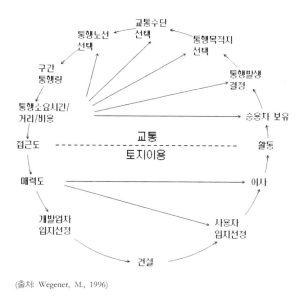

(출처: Wegener, M., 1996)

[그림 Ⅱ-4] 토지이용-교통의 피드백 사이클

　토지이용-교통의 상호작용으로 인해 나타나는 결과는 일반적으로 장기간의 시간이 흐른 후에 관찰되기 때문에, 도시시스템 개념은 도시의 장기적 변화 양상을 파악하는 데 적합하다.[26] 국외에서는 도시공간과 활동의 장래 변화 패턴 예측, 토지이용과 교통부문 정책 및 계획의 영향력 평가를 목적으로 도시 구성요소들을 구조적으로 통합한 모형을 개발하고 실제 도시에 적용하여 운용 중에 있다.[27]

　도시시스템의 관점을 제한적으로나마 반영하여 주거입지에 대한

26) 김익기, 1994, "토지이용-교통모형의 이론적 비교분석", 국토계획, 제29권, 제4호, 대한국토·도시계획학회, 서울, 135-155쪽.
　　김익기, 1995, "장기 교통정책분석을 위한 모형", 국토계획, 제30권, 제1호, 대한국토·도시계획학회, 서울, 155-167쪽.

27) Harris, B., 1985, "Urban Simulation Models in Regional Science", *Journal of Regional Science*, Vol.25, Issue.4, pp.545-567.

변화를 예측하고자 한 최초의 모형은 공간 상호작용 모형(spatial interaction model)이다.[28] Lowry(1964)에 의해 개발된 이 모형은 도시 토지이용에 대한 최초의 시뮬레이션 모형이며, 공간 상호작용 이론의 대표적 형태인 중력모형(gravity model)에 기초를 둔 모형이다. Lowry-type 모형의 기초를 이루는 중력모형의 일반적 형태는 다음과 같다.[29]

$$T_{ij} = A_i B_j O_i D_j \exp(-\beta c_{ij})$$

단, T_{ij}: 지역 i와 지역 j 사이의 통행량(또는 상호작용 척도)

   O_i: 출발지 지역 i의 규모

   D_j: 목적지 지역 j의 규모

   c_{ij}: 지역 i와 지역 j 사이의 통행비용

   A_i, B_j: 출발지와 목적지의 총량을 일치시키는 균형계수

   β: 거리감쇄 파라미터

그러나 공간 상호작용 모형은 구성요소들의 변화에 대한 시간적 격차에 대해서는 고려하지 않는 균형모형(equilibrium model)이다. 근로자가 고용지와 주거지 사이의 관계를 기초로 주거입지를 선택한다는 것을 가정하는 공간 상호작용 모형에서는 주거이동 결정, 직장선택, 통행결정 등을 각각 분리하여 분석하였다. 그러나 이러한 요소들의 변화는 실제로 시간적 차이를 갖고 있으며 간접적일지라

---

28) Simmonds, D. et al., 2011, op. cit.

29) Iacono, M. et al., 2008, "Models of Transportation and Land Use Change: A Guide to the Territory", *Journal of Planning Literature*, Vol.22, No.4, pp.324-340.

도 상호 연계되어 있다.[30]

1980년대에 개발된 계량경제모형은 Lowry-type의 모형을 발전시킨 모형이 대부분이며, 개별 활동자의 선택을 모형에 고려하는 방식을 기준으로 지역경제모형(regional economic model)과 토지시장모형(land market model)으로 구분할 수 있다.[31] 1994년 이후, 계량경제모형은 축적된 모형개발의 경험과 컴퓨터와 소프트웨어 기술의 발전을 바탕으로 동태성과 비집계성을 개선한 토지이용-교통 상호작용 모형으로 발전하였다.

4. 주거입지 변화의 영향 요인

주거입지의 변화는 가구의 소득수준, 구성원, 주택형태와 주거입지 특성들에 대한 선호도, 그리고 주택시장 자체의 여건 등 내·외적 요인의 변화로 인해 발생하며, 이주하려는 가구의 수요(demands)와 요구(needs)를 더 잘 만족하게 하기 위하여 특정 가구의 주택 또는 주거입지가 다른 장소에 의해 대체되는 조정과정으로 알려져 있다.[32] 주거입지의 변화 과정은 새로운 주거입지 탐색 여부에 대한 의사결정과 새로운 주거입지 선택의 의사결정이라는 두 단계로 구분할 수 있다.[33]

---

30) Simmonds, D. et al., 2011, op. cit.

31) Iacono, M. et al., 2008, op. cit.

32) 정일호 외, 2010, 앞의 책.
천현숙, 2004, 앞의 논문.
Brown, L. A. and Moore, E. G., 1970, op. cit.

33) Knox, P. and Pinch, S., 2009, op. cit.

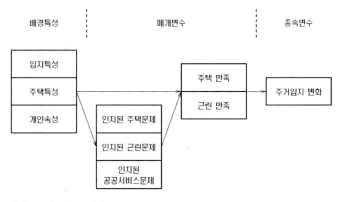

(출처: Varady, D. P., 1980)

[그림 Ⅱ-5] 주거입지 변화 관련 결정 요인

따라서 주거입지 변화의 예측에서는 가구의 주거이동 결정과 주거입지 선택의 두 단계를 모두 고려해야 한다. 주거이동 결정에는 가구의 내·외적 상황과 현 주거지의 입지적 상태가 복합적으로 작용하며, 새로운 주거입지의 선택에는 현 거주지와 관련한 부정적 요소 또는 불만족과 대안적 입지의 긍정적인 매력과 만족이 결정 요인으로 작용한다.34)

---

34) 양재섭·김상일, 2007, 서울 대도시권의 주거이동 패턴과 이동가구 특성, 서울시정개발연구원, 서울.
   Moore, E. G., 1972, op. cit.
   Varady, D. P., 1980, "Determinants of Residential Mobility Decisions", *Journal of American Planning Association*, Vol.49, Issue.2, pp.184-199.

1) 주거이동 결정 요인

① 주거이동 결정의 일반 요인

일반적으로 인구이동이 고용, 소득 등 경제적인 요인에 의해 유발되는 것과 달리, 주거이동은 주택과 주거지의 특성들과 밀접하게 연관되어 있다.[35] 주거이동 결정에서 고려되는 요인으로는 가구 구성, 주거공간의 규모, 주거비용, 점유형태, 질적 수준, 근린 및 입지 여건이 대표적이다.[36]

주거이동의 원인과 관련하여 가장 널리 알려진 것은 생애주기모형(life—cycle model)이다. Rossi(1955)는 주거이동에 대한 함수가 혼인 여부, 자녀의 출산과 양육, 이혼, 가구분리 등으로 구분할 수 있는 가구의 생애주기 변화[37]로 인해 유발되는 가구 구성원의 변동과 그에 따르는 주택수요에 대한 조절과정이라고 하였다. 즉 생애주기 단계와 주거이동의 관계는 가구 구성원의 변화 특성에 따른 주거소비 수준의 변화로 이해할 수 있다. 따라서 생애주기 단계마다 주거이동이 발생할 확률이 높아지며,[38] 생애주기 단계 중에서 가장 높은

---

35) 하성규, 2006, 주택정책론 제3전정증보판, 박영사, 서울.

36) 김태현, 2008, 앞의 논문.
양재섭·김상일, 2007, 앞의 책.
노승철, 2010, "위계선형모형을 이용한 주거이동 요인 및 지역 간 차이 분석", 마이크로데이터 활용사례 공모전 논문, 통계청, 대전.
Dieleman, F. M., 2001, "Modelling Residential Mobility; A Review of Recent Trends in Research", *Journal of Housing and the Built Environment*, Vol.16, pp.249—265.
Morris, E. W. and Winter, M., 1975, "A Theory of Family Housing Adjustment", *Journal of Marriage and the Family*, Vol.37, Issue.1, pp.79—88.
Newman, S. J. and Duncan, G. J., 1979, "Residential Problems, Dissatisfaction and Mobility", *Journal of the American Planning Association*, Vol.45, pp.154—166.
Pickavance, C. G., 1973, "Life—cycle, Housing Tenure and Intra—urban Residential Mobility; A Causal Model", *Sociological Review*, Vol.21, Issue.2, pp.279—297.

37) 김태현(2008)은 생애주기가 단순히 연령을 의미하는 것이 아니고 가구, 주택, 직업 등 다양한 궤적에 따른 사건과 상태의 변화를 의미한다고 하였음.

38) 곽인숙·김순미, 1996, "가족생활주기별 주거소비 및 주거이동 지향성에 관한 연구", 한국가정

이동성을 보이는 단계는 취학과 취업 등 새로운 기회를 찾아 이동하는 시기인 것으로 알려져 있다.[39] 생애주기모형은 가구의 생애주기 변화가 주거이동과 이동의 방향을 포괄적으로 설명한다는 점에서 설득력이 있으나, 생애주기에 대한 구분, 생애주기 단계에서의 이동 특성은 그 사회의 문화, 경제 그리고 사회·심리적 속성에 따라 상이한 형태로 나타나게 된다.[40]

생애주기 단계의 변화 이외에 주거이동 결정에 영향을 주는 요인으로 Brown & Moore(1970)와 Moore(1972)는 가구주의 나이, 직업, 지위, 그리고 소득 등 사회·경제적 계층의 변화를 언급하였다. 이와 같은 연구는 가구특성과 주거이동 경향 사이에 존재하는 상관관계에 초점을 맞추었으며, 그중에서도 사회·경제적 계층은 차별화된 주거소비 패턴을 초래하게 하므로, 이로 말미암아 계층별로 상이한 주거이동 행태가 나타난다고 하였다. 주택 임차자가 소유자보다 더 빈번한 주거이동을 한다는 것 역시 여러 선행연구에서 언급되었다. 이와 관련하여, Pickavance(1973)는 가구의 생애주기 단계 변화, 연령과 소득에 따른 사회·경제계층이 주거이동 결정에 영향을 줌과

관리학회지, 제14권, 제4호, 한국가정관리학회, 서울, 233-248쪽.

김태현, 2008, 앞의 논문.

조재순, 1992, "주거이동을 통한 가족의 주거환경 변화조정", 한국주거학회지, 제3권, 제1호, 한국주거학회, 서울, 1-19쪽.

Brown, L. A. and Moore, E. G., 1970, op. cit.

Chevan, A., 1971, "Family Growth, Household Density, and Moving", *Demography*, Vol.8, No.4, pp.451-458.

Moore, E. G., 1972, op. cit.

Pickavance, C. G., 1973, op. cit.

Short, J. R., 1978, op. cit.

Varady, D. P., 1980, op. cit.

39) Dieleman, F. M., 2001, op. cit.

Simmons, J. W., 1968, op. cit.

40) 하성규, 2006, 앞의 책.

동시에, 주택의 점유형태가 주거이동에 대한 매개변수 역할을 한다
는 주거이동 결정 인과모형을 제시하였다.

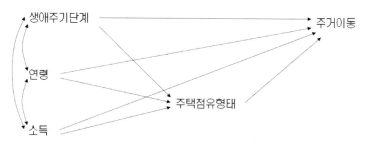

(출처: Pickavance, C. G., 1973)

|그림 Ⅱ-6| 주거이동 결정 인과모형

주거이동 결정에는 생애주기 단계, 사회·경제적 계층과 같은 가
구특성 외에도 주택의 가격과 질적 수준, 근린지역의 자연환경과 공
공서비스 수준 등 주택 및 근린특성에 대한 만족도의 변화가 영향을
미친다.[41] 그리고 기성 시가지의 재개발, 신규 시가지의 개발 등 중
앙 및 지방정부의 정책과 계획 등 비자발적 요인 역시 주거이동의
원인으로 작용한다.[42] 기존 연구에서 제시되고 있는 주거이동 결정
요인을 정리하면 <표 Ⅱ-2>와 같다.

41) 김윤기, 1988, 앞의 논문.
   한대현, 1986, "주거이동 결정과정의 개념적 모델 정립에 관한 연구", 지리학연구, 제11집, 한
   국지리교육학회, 대구, 35-52쪽.
   Moore, E. G., 1972, op. cit.
   Pickavance, C. G., 1973, op. cit.
   Rossi, P. H., 1955, *Why Families Move: A Study in the Social Psychology of Urban Residential Mobility*,
   Free Press, New York.
   Varady, D. P., 1980, op. cit.
42) 하성규, 2006, 앞의 책.
   Moore, E. G., 1972, op. cit.

구분			관련 변수	선행연구
자발적	가구특성	생애주기	혼인/출생/ 양육/이혼	곽인숙·김순미(1996), 김태현(2008), 노승철(2010), 정일호 외(2010), 조재순(1992), 천현숙(2004), Brown & Moore(1970), Chevan(1971), Dieleman(2001), Moore(1972), Morris & Winter(1975), Newman & Duncan(1979), Pickavance(1973), Short(1978), Simmons(1968), Varady(1980)
		사회·경 제계층	나이/지위/ 직업/소득	노승철(2010), 천현숙(2004), Brown & Moore(1970), Long(1972), Moore(1972), Newman & Duncan(1979), Pickvance(1973)
	주택 및 근린특성	주거 만족도	가격/환경/ 서비스	김윤기(1988), 노승철(2010), 한대현(1986), Moore(1972), Morris & Winter(1975), Newman & Duncan(1979), Pickavance(1973), Rossi(1955), Varady(1980)
		주택 점유형태	소유/임차	천현숙(2004), Dieleman(2001), Morris & Winter(1975), Newman & Duncan(1979), Pickvance(1973), Short(1978)
비자발적	–		신개발/재개발	하성규(2006), Moore(1972), Pickavance(1973)

② 국내 주거이동 결정 요인과 특성

우리나라의 일반적인 가구의 주거이동 결정에 있어서도 가구 생애주기 변화가 가장 주요한 원인으로 작용하지만, 동일한 생애주기 단계에 있는 가구라 할지라도 현재 거주하고 있는 지역의 특성에 따라 상이한 요인이 작용한다.[43] 김윤기(1988)는 Newman & Duncan(1979)의 모형을 기초로 주택 및 근린특성을 영향요인으로 하는 주거이동 결정행태 분석모형을 제시하였다([그림 Ⅱ-7] 참조). 또한, 임차가구의 계약기간 만료, 더 나은 주택으로의 이주, 자가 마련 등 주로 주택과 관련한 이유로 인해 주거이동을 결정하게 된다.[44]

---

43) 이경환, 2008, "지역 주민들이 사회적 관계가 주거이동 결정에 미치는 영향-서울시 12개 행정동을 대상으로-", 국토계획, 제43권, 제5호, 대한국토·도시계획학회, 서울, 23-33쪽.
    최미라·임만택, 1994, "주거이동의 동기와 유형의 지역간 비교 연구-광주와 순천시를 중심으로-", 대한건축학회논문집, 제10권, 제11호, 대한건축학회, 서울, 155-163쪽.

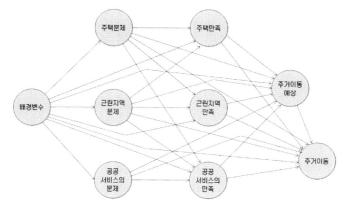

(출처: 김윤기, 1988)

[그림 Ⅱ-7] 주거이동 결정행태 분석모형

    수도권에서의 주거이동은 연간 21% 정도로 어떤 다른 나라의 도
시지역보다 더 빈번한 것으로 나타났는데, 이는 주택가격의 급속한
상승과 변동으로부터 기인한다.[45] 수도권에서의 주거이동 빈도에 영
향을 주는 요인은 가구주 나이, 자녀 수와 같은 생애주기 관련 속성
과 가구주의 학력, 자산 등 가구 관련 속성이다. 가구주의 나이와 자
녀 수가 적을수록 다른 지역으로의 주거이동 확률이 높으며, 가구주
의 학력이 높고 소득과 자산이 적은 가구일수록 이동 확률이 높은
것으로 선행연구에서는 분석하였다.[46]

---

44) 김태현, 2008, 앞의 논문(재인용).
    조재순, 1992, 앞의 논문.

45) 조덕호, 1995, "Filtering Theory and Housing Policy Alternatives", 국토계획, 제30권 제4호, 대
    한국토·도시계획학회, 서울, 295-308쪽(재인용).

46) 김준형·최막중, 2009, "지역주택가격이 임차가구의 점유형태와 주거입지 이동에 미치는 영
    향", 국토계획, 제44권, 제4호, 대한국토·도시계획학회, 서울, 109-118쪽.
    노승철, 2010, 앞의 논문.
    양재섭·김상일, 2007, 앞의 책.
    최열, 1999, 앞의 논문.

가구 관련 요인 이외에 주거이동 결정에 영향을 미치는 요인은 주택 및 근린지역의 특성이다. 주택유형별로는 공동주택에 거주하는 가구보다 단독주택에 거주하는 가구가 주거이동의 가능성이 높은 것으로 확인되었다.[47] 점유형태 측면에서는 주택을 임차한 가구에 비하여 소유한 가구의 이주 확률이 낮은 것으로 나타나,[48] 국외 선행연구들과 대체로 일치하는 결과를 보이고 있다. 소득과 주택 점유형태 측면에서 볼 때, 국내에서 가장 이주빈도가 낮은 집단은 저소득 자가가구로 나타나고 있으며, 중간소득의 경우 임차가구와 자가가구 모두 높은 주거이동 빈도를 보이는 특성이 확인되었다.[49]

주택의 가격과 임대료 역시 주거이동 확률에 영향을 미치는데, 기존 거주지의 주택가격과 임대료가 높을수록 타 지역으로의 이주 확률이 높다.[50] 또한, 지역의 학교, 공원, 병원 등 공공서비스와 쇼핑시설의 수준이 주거이동 확률과 유의미한 정의 관계가 있다는 것이 확인되고 있다.[51]

2) 주거입지 선택 요인

① 주거입지 선택의 일반 요인

주거이동은 일생 동안 개인의 주거불만(stress)을 최소화하고 주거

---

47) 위의 논문.

48) 노승철, 2010, 앞의 논문.
   양재섭·김상일, 2007, 앞의 책.
   한대현, 1986, 앞의 논문.

49) 김정호, 1987, "도시가구의 주거이동과 정책적 시사-서울시를 사례로-", 주택, 제48권, 대한주택공사, 서울, 4-19쪽.

50) 김준형·최막중, 2009, 앞의 논문.

51) 최열, 1999, 앞의 논문.

효용을 증대시키기 위한 끊임없는 사건의 반복으로,[52] Moore(1972)
는 새로운 주거지 선택이 [그림 Ⅱ-8]과 같은 과정을 통해 이루어
진다고 하였다. '주거지 평가기준 설정' 단계에서 주거지에 대한 입
지효용을 평가하기 위해 활용될 요인들이 결정되며, '대안에 대한
평가' 단계에서 실제로 대안들의 입지효용에 대한 검토가 이루어진
다. 입지효용은 주거입지의 변화를 통해 증대될 수 있으므로 주거입
지의 선택과 관련한 요인들은 주거이동 결정에 영향을 주는 요인과
크게 다르지 않다.[53] 그중에서도 주거입지 선택과 관련한 주거이동
결정 요인은 주택특성과 근린의 입지적 특성이다.[54]

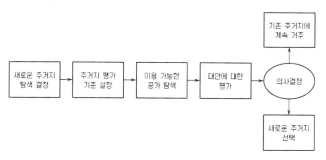

(출처: Moore, E. G., 1972)

[그림 Ⅱ-8] 새로운 주거지 선택 과정

52) Brown, L. A. and Longbrake, D. B., 1970, op. cit.

53) Hunt, J. D. et al., 2010, "Household Behaviour in the Oregon2 Model", in *Residential Location Choice: Models and Applications*(Pagliara, F., Preston, J. and Simmonds, D. eds.), Springer, Verlag Berlin Heidelberg, pp.181-208.

54) Brown, L. A. and Moore, E. G., 1970, op. cit.
Pagliara, F. and Simmonds, D., 2010, "Conclusion", in *Residential Location Choice: Models and Applications*(Pagliara, F., Preston, J. and Simmonds, D. eds.), Springer, Verlag Berlin Heidelberg, pp.243-248.

기존 선행연구에서는 주거입지 선택에 주택 재고량, 유형, 질적 수준 등의 주택특성, 주택이 입지한 지역의 근린특성, 그리고 서비스로의 접근 편리성 등 다양한 요소의 상호 교환에 의한 효용 최대화라는 의사결정 기제가 작용함을 언급하였다. 주택, 근린, 교통 관련 세부요인은 <표 Ⅱ-3>의 내용과 같다.

주거입지 선택에 대한 의사결정 시, 주로 가구주가 가구 구성원 전체를 대표한다고 가정하였으나, 실제 주거입지의 선택은 유치원·초등학생 자녀 유무, 배우자 유무 등 가구 구성원의 속성이 종합적으로 고려된다.[55] 뿐만 아니라, 가구주의 교육수준, 직업, 나이, 소득 등으로 구분되는 사회·경제계층에 따라 주거지의 입지효용 산정을 위해 고려하는 주거입지 선택 요인도 달라질 수 있다.[56]

---

55) 정일호 외, 2010, 앞의 책(재인용).

　　Molin, E. et al., 1999, "Group-based Versus Individual-based Conjoint Preference Models of Residential Preferences: A Comparative Test", *Environment and Planning A*, Vol.31, Issue.11, pp.1935-1947.

　　Timmermans, H. et al., 1992, "Residential Choice behaviour of Dual Earner Households: A Decompositional Joint choice Model", *Environment and Planning A*, Vol.24, Issue.4, pp.517-533.

56) 정일호 외, 2010, 앞의 책.

　　최막중·임영진, 2001, "가구특성에 따른 주거입지 및 주택유형 수요에 관한 실증분석", 국토계획, 제36권, 제6호, 대한국토·도시계획학회, 서울, 69-81쪽.

　　Brown, L. A. and Longbrake, D. B., 1970, op. cit.

　　Eliasson, J., 2010, "The Influence of Accessibility on Residential Location", in *Residential Location Choice: Models and Applications*(Pagliara, F., Preston, J. and Simmonds, D. eds.), Springer, Verlag Berlin Heidelberg, pp.137-164.

　　Hunt, J. D. et al., 2010, op. cit.

　　Simmonds, D., 2010, "The DELTA Residential Location Model", in *Residential Location Choice: Models and Applications*(Pagliara, F., Preston, J. and Simmonds, D. eds.), Springer, Verlag Berlin Heidelberg, pp.77-97.

　　Waddell, P., 2010, "Modelling Residential Location in UrbanSim", in *Residential Location Choice: Models and Applications*(Pagliara, F., Preston, J. and Simmonds, D. eds.), Springer, Verlag Berlin Heidelberg, pp.165-180.

구분		관련 변수	선행연구
주택특성	재고량	공가량	Arentz et al.(2010), de Palma et al.(2007), Hunt et al.(2010), Simmonds(2010), Waddell(2010)
	유형	공동/단독	김익기(1995), 정일호 외(2010), Hunt(2010), Hunt et al.(2010), Waddell(2010)
	질적 수준	주택규모/가격/임대료/투자가치	김익기(1995), 양재섭·김상일(2007), 임창호 외(2002), 정일호 외(2010), 천현숙(2004), 최막중·임영진(2001), de Palma et al.(2005), Hunt(2010), Hunt et al.(2010), Pagliara et al.(2010), Simmonds(2010), Waddell(2010)
근린특성	근린환경	밀도/근린수준	노승철(2010), 신은진·안건혁(2010), 임창호 외(2002), 정일호 외(2010), 천현숙(2004), Brown & Moore(1970), Hunt(2010), Pagliara et al.(2010), Waddell(2010)
	교육수준	학교질/거리	Arentz et al.(2010), Pagliara et al.(2010)
	환경의 질	대기질/소음	양재섭·김상일(2007), 정일호 외(2010), 천현숙(2004), 최막중·임영진(2001), Hunt(2010), Hunt et al.(2010), Pagliara et al.(2010), Simmonds(2010)
	비용	주거비 지출	김익기(1995), 최막중·임영진(2001), Simmonds(2010), Waddell(2010)
교통특성	접근도	직장/쇼핑/서비스 (거리/비용/시간)	김익기(1995), 노승철(2010), 신은진·안건혁(2010), 임창호 외(2002), 정일호 외(2010), 천현숙(2004), 최막중·임영진(2001), Arentz et al.(2010), Brown & Moore (1970), Eliasson(2010), Hunt(2010), Hunt et al.(2010), Martinez & Donoso(2010), Pagliara et al.(2010), Short (1978), Simmonds(2010), Waddell(2010)

　　주거입지 선택과 관련하여 가장 일반적으로 알려진 특성은 Ravenstein (1885)의 7가지 주거이동 법칙 중 제1법칙인, 주거이동 전에 살던 곳과 동일한 지역 또는 인근 지역으로의 단거리 이주 경향이다.[57]

---

57) 권용우·이자원, 1995, "수도권 인구이동의 공간적 특성에 관한 연구", 국토계획, 제30권, 제4호, 대한국토·도시계획학회, 서울, 21-39쪽.
　　양재섭·김상일, 2007, 앞의 책.
　　최현정 외, 2004, "주택재건축사업의 주거이동에 따른 주변지역 전세가격의 변화에 대한 연구", 국토계획, 제39권, 제6호, 대한국토·도시계획학회, 서울, 103-113쪽.
　　de Palma, A. et al., 2005, "A Model of Residential Location Choice with Endogenous Housing Prices and Traffic for the Paris Region", *European Transport*, Vol.31, pp.67-82.
　　de Palma, A. et al., 2007, "Discrete Choice Models with Capacity Constraints: An Empirical

이러한 주거입지 선택 패턴의 발생 원인은 첫째, 주거이동 과정에서 새로운 주택을 찾는 행위가 이루어질 때 현 거주지 근처의 제한된 공간에 대한 정보를 주로 갖게 되기 때문이며, 둘째, 기존 주거지와 소득, 사회·경제·문화적인 측면에서 유사한 지역으로의 이주를 우선적으로 고려하기 때문이다. 이러한 단거리 이주 경향으로 인하여 도시공간에서의 주거지 분화 현상이 발생하게 된다.[58]

② 국내 주거입지 선택 요인과 특성

주택은 대표적인 이질재(heterogeneous goods)로, 주택 소비자는 형태, 규모 등 주택 자체의 속성과 함께 주택이 입지한 지역의 속성을 결합함으로써 입지효용이 최대화되는 가장 합리적 선택을 하기 위해 노력한다. 최근에는 주택의 소비 패턴도 개별 가구의 특성에 따라 다양해지고 있으며, 주택 소유 차원을 넘어 주거환경에 대한 관심이 증대되고 있다.[59] 주거이동 결정과 같이, 주거입지 선택 요인은 가구의 생애주기 단계와 가구주의 나이, 소득 등 사회·경제계층별로 각기 다르게 작용한다.

주거입지 선택 요인과 관련하여 국내 주택시장에서 가장 중요한 요인으로 알려져 있는 것은 주택가격, 즉 경제적 측면의 속성이다. 특히, 40대 이상의 연령층과 고졸 이하의 교육수준을 보이는 가구에

Analysis of the Housing Market of the Greater Paris Region", in *Journal of Urban Economics*, Vol.62, pp.204-230.
Hunt, J. D. et al., 2010, op. cit.
Simmonds, D., 2010, op. cit.

58) 최은영·조대헌, 2005, "서울시 내부 인구이동의 특성에 관한 연구", 한국지역지리학회지, 제11권, 제2호, 한국지역지리학회, 경북 경산, 169-186쪽.
Simmons, J. W., 1968, op. cit.

59) 최막중·임영진, 2001, 앞의 논문.

서는 경제적 요인이 가장 중요한 주거입지 선택 요인으로 작용하는 데,[60] 이는 가구의 소득에서 주거비용이 차지하는 비중과 관련이 있다. 반면, 고소득층에서도 주거입지 선택에서 경제적 측면을 중시하는 현상이 나타나는데 이는 주택을 투자가치가 있는 재화로 인식하는 것과 관련이 있다.[61]

주택가격과 함께 국내 주택시장에서 핵심적인 주거입지 선택 요인 중 하나로 언급되는 것이 교육환경이다. 유명 중·고등학교와 사설학원이 위치한 지역의 주거입지 선호 경향은 고소득층과 학령기 자녀를 둔 가구주 나이 35~50세 사이의 가구에서 두드러진다.[62] 그리고 나이, 소득, 그리고 교육수준이 높은 가구에서 쾌적한 주거환경에 대한 요구가 큰 것으로 나타나고 있다.[63] 고소득층뿐만 아니라, 저소득층과 중간소득층에서도 1인 가구는 주거입지 선택 요인으로 거주지 주변의 녹지 존재 여부와 같은 쾌적성을 중요하게 고려하는 것으로 분석되었다.[64]

Alonso(1964) 이후, 교통부문과 관련하여 직장, 쇼핑, 서비스로의 접근성은 주거입지 선택에서 핵심 요인 중 하나로 인식되고 있다.

60) 위의 논문.

61) 천현숙, 2004, 앞의 논문.

62) 김창석, 2002, "서울시 상류계층(파워엘리트)의 주거지역 분포특성과 형성요인에 관한 연구", 국토계획, 제37권, 제5호, 대한국토·도시계획학회, 서울, 65~85쪽.
최내영·고승미, 2003, "주거지 환경선호에 대한 시간적 추이에 따른 변화양상 고찰", 한국도시설계학회지, 제4권, 제4호, 한국도시설계학회, 서울, 5~16쪽.

63) 김창석, 2002, 앞의 논문.
박정희, 1991, "도시 주거계층연구-분석모형의 탐색-", 경희대학교 대학원 박사학위논문, 서울.
천현숙, 2004, 앞의 논문.
최내영·고승미, 2003, 앞의 논문.
최막중·임영진, 2001, 앞의 논문.

64) 신은진·안건혁, 2010, 앞의 논문.

접근성은 대체로 교육수준이 높고 나이가 적은 가구가 선호하는 주
거입지 선택 요인이다.[65] 소득수준과 관련 없이 모든 가구가 접근성
을 중요한 입지 선택 요인으로 고려하지만, 실질적으로는 저소득층
의 경우 지대경쟁에서 밀려남으로써 접근성이 양호한 지역은 중·
고소득층에 의해 점유되는 것으로 나타나고 있다.[66][67] 이는 저소득
층의 경우 도시 내부에서 주택유형 또는 입지 측면에서 선택의 여지
가 거의 없다고 한 Moore(1972)의 주장과도 일치한다.

한편, 주거입지 선택에 의해 나타나는 공간적 특성으로 두드러지
는 현상 역시 기존 거주지로부터의 근거리 입지 경향이다.[68] 이는
자발적 이주와 비자발적 이주에서 공통으로 나타나는 현상이며,[69]
국외의 선행연구 결과와도 일치한다. 또한, 수도권에서는 도시 내부
에서의 이동이 전체 주거이동의 약 70%를 점유하지만,[70] 서울과 인
천·경기 지역 상호 간의 주거이동 역시 상당히 빈번하게 이루어지
고 있는 것으로 알려져 있다.[71] 그중에서도 미취학 아동 또는 초등
학교 자녀를 둔 가구주 나이가 20대 후반부터 30대 후반에 해당하

65) 최내영·고승미, 2003, 앞의 논문.
   최막중·임영진, 2001, 앞의 논문.
   한대현, 1986, 앞의 논문.
66) 금기반·여홍구, 1991, "서울시 거주자의 입지분포 특성 및 이동패턴 분석 연구", 국토계획, 제
   26권, 제2호, 대한국토·도시계획학회, 서울, 95−123쪽.
   정일호 외, 2010, 앞의 책.
67) 신은진·안건혁(2010)은 1인 가구의 경우, 주거입지 선택에 대중교통, 특히 지하철 접근성의
   영향을 받는 계층은 중소득층뿐이라 하였음.
68) 권용우·이자원, 1995, 앞의 논문.
   김태현, 2008, 앞의 논문.
   최은영·조대헌, 2005, 앞의 논문.
69) 최현정 외, 2004, 앞의 논문.
70) 최은영·조대헌, 2005, 앞의 논문.
71) 양재섭·김상일, 2007, 앞의 책.

는 가구들이 서울 주변지역으로의 주요 이주가구로 확인되고 있다.72)

3) 기타 관련 특성

국내 주택시장에서 주택의 점유형태는 자가와 임대로 구분할 수 있으며, 임대는 다시 전세와 월세로 구분되는 다소 복잡한 구조를 갖고 있다. 최근 10년 동안 주택 임대시장에서는 월세의 비중이 증가하는 현상이 두드러지고 있으며,73) 전세의 비중은 최근 들어 다소 감소 추세에 있다. 그러나 전세는 우리나라 고유의 주택 임대차제도로 향후에도 주택 임대시장에서 일정 수준의 비중을 점할 것으로 예상된다. 주택 점유형태 선택과 관련한 국내 주택시장의 특성으로, 소득수준, 나이, 그리고 가구원 수가 적을수록 자가보다 전세와 월세를 선택할 확률이 높다는 점을 기존 연구에서는 언급하고 있다.74) 특히, 소득과 자산보유 수준이 주택 점유형태 선택에 미치는 영향이 크고, 기존 주택의 점유형태와 신규 주택의 점유형태 사이에 유의미한 관계로 인하여 대체로 이전 주택의 점유형태를 유지하는 것으로 나타나고 있다.75)

주택유형의 선호에 있어서도 가구의 사회·경제계층별로 차이를 보인다. 대체로 소득과 교육수준이 높고 나이가 적으며 가구원 수가

72) 임창호 외, 2002, 앞의 논문.

73) 최성호·이창무, 2009, "매매, 전세, 월세 시장간 관계의 구조적 해석", 주택연구, 제17권, 제4호, 한국주택학회, 서울, 183－206쪽.

74) 김정수·이주형, 2004, 앞의 논문.
이채성, 2007, "가구주 특성에 따른 주택점유형태차이", 대한건축학회 논문집(계획계), 제23권, 제2호, 대한건축학회, 서울, 119－127쪽.

75) 조재순, 1992, 앞의 논문.

적을수록 상대적으로 공동주택(아파트)을 선호하는 경향이 나타난다. 그리고 주택 점유형태와 마찬가지로 주택유형 선택에도 기존 주택유형을 유지하려는 경향이 나타나고 있음을 선행연구에서 확인할 수 있다.76)

76) 김정수·이주형, 2004, 앞의 논문.
　　최막중·임영진, 2001, 앞의 논문.

Ⅲ. 2000년대 수도권 주거입지 변화 양상

    주거입지 변화는 경제·사회적 요인, 인구학적 변화, 주택시장 자체의 변화, 그리고 개별가구의 생활방식 등 다양한 요인에 의해 영향을 받는다.[1] 따라서 국내 여건을 반영하는 주거입지의 변화 예측을 위해서는 최근에 나타나고 있는 국내 주거이동 및 주거입지 관련 특성에 대한 정확한 분석과 이해가 선행될 필요가 있다. 이 장에서는 수도권을 대상지역으로 하여 가구구조의 변화와 주거이동 및 주거입지 관련 특성의 변화 양상을 검토함으로써 주거입지 변화 예측에 고려해야 할 필요가 있는 요인들을 확인하고자 하였다.

    이를 위하여 한국노동패널(Korean Labor and Income Panel Study: KLIPS) 자료를 중심으로 주거이동 및 입지선택과 관련한 공식적인 통계조사자료를 수집하여 수도권에 해당하는 데이터를 추출·분석하였다. 한국노동패널은 도시지역에 거주하는 한국의 5,000가구와

---

1) Knox, P. and Pinch, S., 2009. op. cit.

가구원을 대표하는 패널표본 구성원(5,000가구에 속하는 모든 가구원)을 대상으로 1998년 1차연도 조사를 시작으로 1년에 1회씩 매년 조사된 국내 유일의 노동관련 가구패널조사 자료로, 횡단면 자료와 시계열 자료의 장점을 모두 갖고 있는 자료이다.[2] 본서에서는 원표본가구 유지율[3]과 조사항목을 고려하여 2001년부터 2008년까지의 자료를 활용하였다.

1. 인구·가구구조 변화

1) 인구·가구 수 총량 변화

수도권에서의 인구학적 변화 양상은 인구와 가구를 분리하여 파악할 필요가 있다. 통계청의 '시도별 장래인구추계' 자료를 살펴보면, 2001년부터 2008년까지 8년간 수도권에서는 연평균 1.14%의 인구 증가가 있었으나, 서울만을 대상으로 할 경우 다소 감소하였음을 확인할 수 있다. 이는 수도권에서 인천과 경기도에서의 급격한 인구 증가현상이 나타나고 있음을 의미한다.

인구 측면에서의 변화 양상과는 달리 가구 측면에서는 수도권 전체와 서울 모두 증가하고 있으며, 증가율 역시 인구 증가율을 상회하는 것으로 나타나고 있다. 이는 1인 가구와 부부가구 등 소규모

---

2) 남재량 외, 2010. 한국노동패널 1~11차연도 조사자료 User's Guide, 한국노동연구원, 서울.

3) 한국노동패널 자료는 원표본가구 유지율이 2001년(4차연도)에 77%, 2008년(11차연도)에 74%로 4차연도 이후로 조사성공률이 안정되어 있음.

가구의 증가로부터 그 원인을 찾을 수 있다. 가구 측면에서의 변화 역시 서울보다 인천·경기지역에서의 증가가 상대적으로 큰 것을 확인할 수 있다.

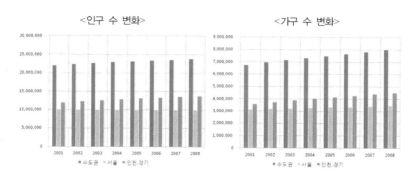

[그림 Ⅲ-1] 수도권 인구·가구 수 변화(2001~2008년)

<표 Ⅲ-1> 수도권 인구·가구 수 변화

연도	인구(인)			가구(가구)		
	수도권	서울	인천·경기	수도권	서울	인천·경기
2001년	22,085,825	10,087,035	11,998,790	6,753,916	3,163,253	3,590,663
2002년	22,421,300	10,041,205	12,379,798	6,965,998	3,201,849	3,764,149
2003년	22,743,128	10,029,787	12,713,341	7,169,677	3,245,962	3,923,715
2004년	23,009,554	10,036,241	12,973,313	7,432,634	3,292,730	4,049,904
2005년	23,202,135	10,011,324	13,190,811	7,511,755	3,338,744	4,173,011
2006년	23,438,500	10,020,123	13,418,377	7,654,609	3,373,109	4,281,500
2007년	23,677,826	10,025,669	13,652,157	7,839,830	3,426,965	4,412,865
2008년	23,908,871	10,031,719	13,877,152	8,021,683	3,477,815	4,543,868
연평균 증가율	1.14%	-0.08%	2.10%	2.49%	1.36%	3.42%

출처: 통계청 시도별 장래인구추계(편집)

2) 가구유형의 구분

가구유형 구분은 인구·가구구조의 변화, 주거이동 결정, 그리고 주거입지 선택 관련 분석의 내용을 모두 고려하여 가구의 생애주기 변화 시점을 주요 구분 기준점으로 선정하였다. 가구의 생애주기에 대하여, Pickavance(1973)는 '혼인 전, 가구 구성, 자녀출산, 자녀부양, 자녀독립, 자녀출가 이후'로, Short(1978)는 주택에 대한 수요와 관련하여 '자녀이전, 자녀출산, 자녀양육, 자녀독립, 자녀출가, 그 이후'의 6단계로 구분하였다. 반면, 국내의 생애주기 관련 구분으로, 한대현(1986)은 '34세 이하의 독신가구, 자녀를 갖지 않은 34세 이하의 부부, 자녀가 있는 34세 이하의 부부, 자녀가 없는 35세 이상의 부부, 자녀가 있는 35세 이상의 부부'로, 하성규(2006)는 '결혼 전 독신단계, 결혼 후 초기단계, 자녀양육단계, 자녀독립·출가단계, 가족축소단계'로 구분하였다. 이와 같은 선행연구에서의 구분 기준과 가구유형 간의 주거입지 및 통행패턴 등 상이한 도시활동 패턴의 발생 가능성을 고려하여, 가구원 수와 나이, 그리고 생애주기 변화에 따라 다음과 같은 가구유형 구분 기준을 설정하였다.

<표 Ⅲ-2> 가구유형의 구분

구분		내용
1인 가구	YS	34세 이하의 청년층 1인 가구
	OS	35~59세의 장년층 1인 가구
	RS	60세 이상의 노년층 1인 가구
부부 가구	YC	34세 이하의 청년층 부부가구
	OC	35~59세의 장년층 부부가구
	RC	60세 이상의 노년층 부부가구
자녀 또는 부모 이외의 성인이 있는 가구	S+c	18세 미만의 자녀가 있는 한부모 가구
	C+c	18세 미만의 자녀가 있는 부부가구
	3A	3명 이상의 성인으로 이루어진 가구
	3A+c	3명 이상의 성인과 18세 미만의 자녀로 이루어진 가구

가구 구성원에 따라, 1인 가구(S)와 부부가구(C), 자녀 여부(c), 그리고 부부 이외의 성인 유무(A)를 구분하였고, 세계보건기구(WHO)에서 정한 고령 임신의 기준인 35세를 기준으로 청년층(Y)과 장년층(O)을 구분하였다. 그리고 2005년의 평균 은퇴연령(남성 63.2세, 여성 55.2세, 전체 평균 59.1세)[4]을 고려하여 60세를 노년층(R)의 구분 기준으로 설정하였다.

3) 가구구조 변화 양상

연도별 한국노동패널의 가구부문 자료를 활용하여, 앞서 제시한 기준에 따라 가구유형으로 분류하고 수도권의 가구 수와 전체 가구 수 대비 가구유형별 비율을 산정한 결과는 다음과 같다.[5] 수도권에

---

4) 전병힐, 2008. "평균 은퇴연령에 대하여", 재정포럼, 8월호, 한국조세연구원, 서울, 19–39쪽.
5) 한국노동패널 자료는 가구부문 자료에 조사 가구의 가구 구성원 개인에 대한 정보를 상세히 조사하여 제공하고 있어, 본 연구에서 설정한 가구유형 분류 기준을 정확히 적용할 수 있음.

서의 가구 수 총량은 지속적으로 증가하고 있는 반면 가구유형별 가구 수는 증가·감소 패턴에 다소간의 차이가 있다. 1인 가구와 부부가구는 청년·장년·노년층 모두에서 정도의 차이는 있으나 전반적으로 증가 추세를 보이고 있으며, 자녀가 있는 부부가구는 경기도를 제외한 서울과 인천에서 다소 감소하는 경향을 보였다. 그러나 3인 이상의 성인으로 구성된 가구는 증가하는 등 가구유형과 지역별로 차이가 나타났다.

가구구조의 변화 양상을 파악하기 위한 지표인 가구유형별 비율을 살펴보면, 수도권의 1인 가구비율은 차지하는 비중이 전반적으로 점차 증가하였고, 청년층 부부가구의 비율 역시 지속적으로 증가하는 양상을 나타내고 있다. 반면, 장년층과 노년층 부부가구의 비율은 2005년까지 증가세를 보인 이후 점차 감소하였다. 자녀가 있는 부부의 경우, 전체 가구에서의 점유율이 2004년까지 모든 가구유형 중 가장 큰 비중을 차지했으나, 이후에는 3인 이상 성인으로 이루어진 가구가 가장 높은 점유율을 나타냈다. 3인 이상의 성인과 자녀로 구성된 가구는 가구규모의 소형화 추세와 맞물려 전체에서 차지하는 비중이 점차 감소 추세에 있는 것으로 확인되었다.

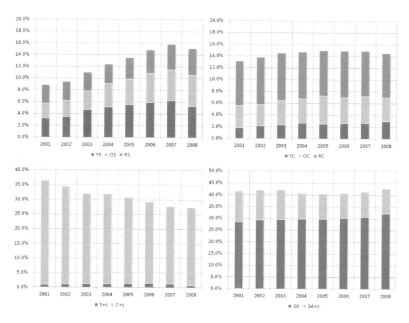

[그림 Ⅲ-2] 가구유형별 비율 변화(2001~2008년): 수도권

수도권에서의 전체 가구 대비 가구유형별 비율 변화에 대해 지역의 중심지 역할을 수행하는 서울과 그 외 주변부 지역인 인천·경기도를 구분하여 가구유형별 비율의 변화를 검토하였다. 서울의 경우, 청년층 1인 가구의 비율은 2003년까지 증가한 이후 거의 동일한 비율을 나타내고 있으나, 장년층과 노년층 1인 가구의 점유율은 빠르게 증가하고 있음을 확인할 수 있다. 청년층과 장년층 부부가구의 비중 역시 다소간의 변동은 있으나 전반적으로 증가 추세에 있다. 그러나 노년층 부부가구의 비율은 2006년에 9%를 넘어선 이후 다소 감소하는 경향을 보였다. 자녀가 있는 부부가구의 비율은 2001년

에 31.77%에서 2008년에 22.19%로 가장 빠르게 감소하고 있음을 알 수 있는 반면, 3인 이상의 성인으로 구성된 가구의 비율은 점차 증가하여 가구유형 중 가장 높은 비율을 점유하는 것으로 나타났다.

반면, 인천·경기도에서는 2001년과 2002년에 노년층 1인 가구의 비율이 청년층과 장년층 1인 가구의 비율보다 높았으나, 이후 점차 청년층과 장년층 1인 가구의 비중이 높아지는 것을 확인할 수 있다. 또한, 서울에 비해 상대적으로 장년층과 노년층 부부가구의 비율이 낮으며 전반적인 감소세에 있는 것을 알 수 있다. 자녀가 있는 부부 가구의 점유율은 서울에 비해 상대적으로 높으나 감소 추세에 있는 것은 동일하게 나타났다.

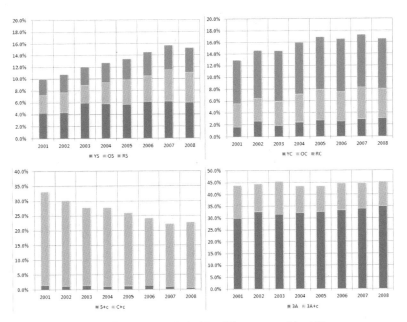

[그림 Ⅲ-3] 가구유형별 비율 변화(2001~2008년): 서울

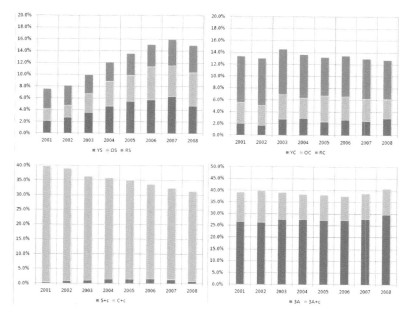

[그림 Ⅲ-4] 가구유형별 비율 변화(2001~2008년): 인천·경기

2. 주거이동 특성

　주거이동 과정을 기존 주거지와 주거이동 후의 새로운 주거지 사
이의 관계로 볼 때, 수도권에서의 주거이동 특성은 기존 주거지를
기준으로 살펴본 것이라 할 수 있다. 주거이동에 대한 가구유형, 가
구유형 변화 여부, 그리고 주택 점유형태별로 주거이동률의 변화 양
상을 검토하였고, 동시에 소득을 기준으로 구분한 사회·경제계층별
로 주거이동률의 변화를 확인하였다.

1) 주거이동률 변화

　수도권에서의 주거이동률6)은 2001년부터 2008년까지 대체로 연
간 13%에서 20% 사이의 값을 나타내고 있으며, 2003년 이후에는
전반적으로 다소 감소세에 있음을 알 수 있다. 서울과 인천·경기도
를 구분하여 살펴보면, 주거이동률의 차이가 크게 나타나지 않으며
주거이동률의 차이 역시 점차 완화되고 있다.

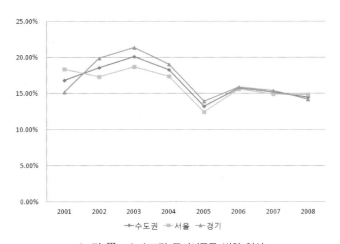

[그림 Ⅲ-5] 수도권 주거이동률 변화 양상

<표 Ⅲ-3> 주거이동률 변화

구분	2001년	2002년	2003년	2004년	2005년	2006년	2007년	2008년
수도권	16.82%	18.60%	20.11%	18.28%	13.21%	15.77%	15.19%	14.50%
서울	18.39%	17.31%	18.72%	17.39%	12.42%	15.63%	14.94%	14.82%
인천·경기	15.21%	19.90%	21.41%	19.08%	13.91%	15.89%	15.39%	14.22%

출처: 한국노동패널(편집)

―――――――――――――

6) 주거이동에 있어서의 자발성은 구분하지 않았음.

2) 가구유형별 주거이동률

가구유형별 주거이동률을 살펴보면, 연도별로 다소 차이를 보이고 있으나 전반적으로는 청년층 1인 가구의 주거이동률이 가장 높고 노년층 부부가구의 주거이동률이 가장 낮은 것으로 나타났다. 동일한 가구 구성인 경우, 청년층이 가장 높은 주거이동률을 보이고 노년층이 가장 낮은 주거이동률을 나타냈다. 그리고 부부가구 또는 3인 이상의 성인으로 구성된 가구에서는 자녀가 있는 경우에 주거이동률이 더 높게 나타났다.[7] 동일 연령층의 1인 가구와 부부가구를 비교하는 경우, 부부가구가 상대적으로 낮은 주거이동률을 보였다.

<표 Ⅲ-4> 가구유형별 주거이동률 변화

(%)

구분	2001년	2002년	2003년	2004년	2005년	2006년	2007년	2008년	평균
YS	39.81	36.86	50.76	36.53	28.32	40.68	37.87	28.62	37.43
OS	22.47	20.14	31.31	27.82	15.88	18.62	16.80	23.63	22.08
RS	16.40	6.74	11.82	21.76	12.31	13.91	14.81	15.82	14.20
YC	19.34	25.93	32.01	39.19	17.80	22.57	20.70	25.89	25.43
OC	16.45	12.44	23.89	19.69	9.69	13.38	14.69	13.10	15.42
RC	9.97	14.00	14.13	7.76	7.26	8.31	4.88	6.38	9.09
S+c	14.49	22.91	17.96	17.70	18.47	19.89	20.19	28.36	20.00
C+c	21.39	25.06	22.09	20.16	16.46	20.01	18.43	14.15	19.72
3A	10.23	13.33	15.28	14.71	9.15	8.48	10.74	12.59	11.81
3A+c	16.45	14.51	19.85	15.61	12.08	14.52	13.27	11.35	14.70
계	16.82	18.60	20.11	18.28	13.21	15.77	15.19	14.50	16.52

출차: 한국노동패널(편집)

---

7) 청년층 부부가구의 경우는 예외임.

3) 가구유형 변화에 따른 주거이동률

주거이동 관련 선행연구에서 제시하고 있는 주거이동의 핵심적 요인인 생애주기의 변화와 이로 인한 주거이동에 대한 검토를 위하여, 가구유형 변화에 따른 주거이동률을 산정하였다. <표 Ⅲ-5>는 2001년부터 2008년까지 개별가구의 해당 연도와 직전 연도의 가구유형을 비교하여 변화가 있는 가구의 주거이동 여부를 확인하는 방법을 적용하여 산출한 주거이동률이다. 따라서 이는 가구유형이 변화한 가구가 1년 이내에 주거이동을 실행한 비율을 의미한다.

<표 Ⅲ-5> 가구유형 변화와 주거이동률

(%)

구분	2001년	2002년	2003년	2004년	2005년	2006년	2007년	2008년	평균
YS	13.99	48.12	68.44	52.29	45.29	51.38	48.51	31.40	44.93
OS	29.48	–	39.75	54.02	36.32	22.11	8.98	31.67	27.79
RS	46.28	100.00	59.63	46.06	–	44.55	–	100.00	49.57
YC	13.02	29.68	36.23	48.87	27.59	15.96	16.61	27.85	26.97
OC	12.55	–	18.89	32.72	–	12.91	6.94	16.83	12.60
RC	–	13.05	13.19	12.15	11.12	14.72	9.20	56.18	16.20
S+c	8.18	–	28.18	–	–	–	6.16	41.16	10.46
C+c	23.76	19.61	22.38	21.79	12.60	16.44	17.60	8.85	17.88
3A	8.29	16.50	10.15	26.55	1.97	14.80	23.53	32.53	16.79
3A+c	18.37	18.54	24.23	10.95	14.42	13.72	15.81	14.85	16.36
계	16.46	19.18	24.85	26.66	16.36	18.90	19.70	22.11	20.53

출차: 한국노동패널(편집)

분석 결과, 전체적으로 가구유형에 변화가 있었던 가구의 평균 20.53%가 1년 이내에 주거이동을 한 것으로 나타났다. 가구유형별로 살펴보면, 전년도에 1인 가구에서 타 가구유형으로 변화한 가구의 주거이동률이 가장 높은 것으로 나타났으며, 그중에서도 노년층 1인 가구와 청년층 1인 가구의 주거이동률이 가장 높았다. 그리고 청년층 부부가구 역시 다른 가구유형으로 변화한 경우 역시 주거이동률이 높은 것으로 나타났는데, 주로 자녀의 출산과 관련한 것으로 판단된다. 이는 기존 선행연구에서 제시하고 있는 주거이동의 원인이 생애주기 변화에 따른 주거 수요의 변화라는 것과 일치하는 결과이다. 반면, 다른 유형의 가구는 가구유형 변화에 따른 평균 주거이동률보다 다소 낮은 이동률을 나타냈다.

4) 주택 점유형태별 주거이동률

가구의 주택 점유형태가 주거이동에 대한 매개변수 역할을 함으로써,[8] 주택 임차자가 자가 소유자에 비해 더 많은 이동을 한다는 것은 선행연구에서 확인되었다. 이와 관련하여, 고유한 임대차제도를 갖고 있는 우리나라에서 자가, 전세, 월세, 기타 점유형태를 기준으로 수도권에 거주하고 있는 가구들의 주거이동률을 분석한 결과는 <표 Ⅲ-6>과 같다.

선행연구에서 도출된 결과와 같이, 수도권에서도 자가를 소유한 가구에 비해 전세와 월세 등 주택을 임차한 가구들의 주거이동률이 3배가량 더 높은 것으로 나타났다. 반면, 전세와 월세 임차가구 사이의 주거이동률 차이는 크지 않았으며, 2008년을 제외하고는 전세 임차자의 이동률이 다소 높은 것으로 확인되었다.

---

8) Pickavance, C. G., 1973, op. cit.

<표 Ⅲ-6> 주택 점유형태별 주거이동률

(%)

구분	2001년	2002년	2003년	2004년	2005년	2006년	2007년	2008년	평균
자가	8.78	12.41	11.48	10.22	6.00	8.99	8.32	7.84	9.26
전세	27.68	28.55	33.28	31.72	24.00	25.37	25.61	22.79	27.37
월세	25.08	27.56	30.85	25.74	22.82	22.76	24.40	23.18	25.30
기타	19.13	10.29	21.31	20.82	17.42	18.15	17.69	24.75	18.69
계	16.78	18.60	20.06	18.28	13.22	15.45	15.18	14.50	16.51

출처: 한국노동패널(편집)

<표 Ⅲ-7> 주거이동 시 주택 점유형태 전환비율

(%)

변경 \ 기존	자가	전세	월세	기타	계
자가	58.32	30.40	12.69	15.85	35.88
전세	31.88	56.85	29.77	33.16	43.69
월세	7.31	9.44	49.07	19.44	15.23
기타	2.48	3.31	8.47	31.55	5.20
계	100.00	100.00	100.00	100.00	100.00

출처: 한국노동패널(편집)

　　더불어, 주거이동 시 주택 점유형태의 전환비율을 확인하면 <표 Ⅲ-7>과 같다. 주거이동 시 주택의 점유형태는 대체로 기존 주택의 점유형태를 유지한다9)는 것이 한국노동패널의 자료 분석 결과에서도 동일하게 확인된다. 그러나 전세 임차자는 자가 소유자로, 월세 임차자는 전세 임차자로, 그리고 자가 소유자가 전세 임차자로 전환하는 비율이 다른 점유형태 간의 전환율에 비해 높은 것으로 나타났다.

---

9) 조재순, 1992, 앞의 논문.

5) 사회·경제계층별 주거이동률

주거이동률은 가구의 사회·경제계층에 따라 차이가 나타난다는 점을 많은 선행연구에서 언급하고 있다. 따라서 사회·경제계층별 주거이동률 차이에 대한 검토를 위하여, 한국노동패널에 포함된 소득 관련 정보를 기초로 사회·경제계층을 5분위로 구분하였다.10) 각각의 분위는 전체 조사가구의 20%가 포함된다.

<표 Ⅲ-8>에서 확인할 수 있는 바와 같이, 수도권에서는 가구의 소득분위별 주거이동률이 크지 않았다. 2001년과 2004년에서와 같이 소득이 높은 계층의 주거이동률이 다소 높은 시기가 있는 반면, 2008년의 경우처럼 소득이 낮은 계층의 주거이동률이 다소 높은 시점 역시 확인되었다. 2001년부터 2008년까지의 연간 평균 주거이동률에서도 소득분위별 주거이동률의 차이는 크지 않았다. 이는 주거이동을 결정함에 있어 소득을 기준으로 구분한 사회·경제계층 간에 차이가 없음을 의미한다.

<표 Ⅲ-8> 사회·경제계층별 주거이동률

(%)

구분	2001년	2002년	2003년	2004년	2005년	2006년	2007년	2008년	평균
1분위	13.97	16.39	18.29	15.25	12.76	13.92	12.88	16.65	15.01
2분위	16.00	17.84	20.06	19.00	11.77	16.00	14.78	15.82	16.41
3분위	16.44	20.57	23.74	18.07	12.19	18.32	15.63	11.80	17.10
4분위	18.38	16.10	16.96	19.75	15.78	14.06	14.44	15.85	16.41
5분위	19.24	22.14	20.97	19.10	13.51	14.87	17.95	12.52	17.54
계	16.82	18.60	20.11	18.28	13.21	15.44	15.19	16.82	16.81

출처: 한국노동패널(편집)

---

10) 통계청의 '가계동향조사'에서도 조사가구의 소득분위를 5분위로 구분하여 자료를 제공하고 있음.

3. 주거입지 선택 특성

1) 주거이동 시 지역별 입지선택

주거이동을 통하여 수도권에 주거입지를 선택한 한국노동패널 조사가구의 연도별 시·군·구의 입지선택 비율은 [그림 Ⅲ-6]과 같다. 연도별로 수도권 내부에서의 이주를 통해 주거입지를 선택한 가구와 수도권 외부로부터 이주해 온 가구들의 입지선택 비율을 구분하여 분석하였다.

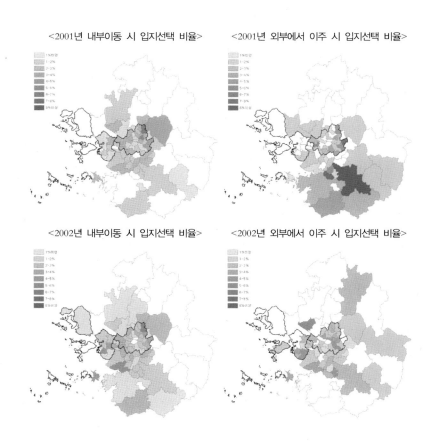

<2001년 내부이동 시 입지선택 비율>   <2001년 외부에서 이주 시 입지선택 비율>

<2002년 내부이동 시 입지선택 비율>   <2002년 외부에서 이주 시 입지선택 비율>

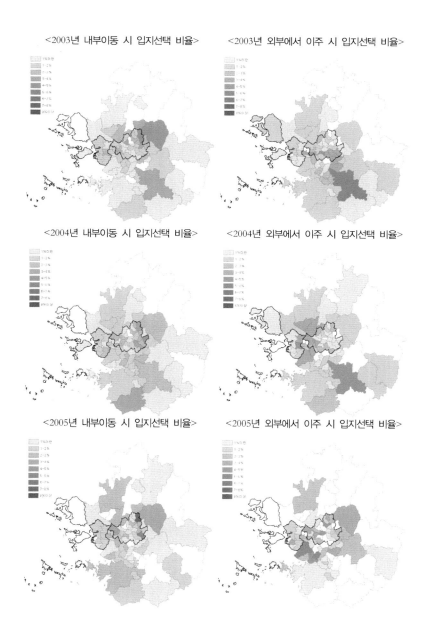

<2003년 내부이동 시 입지선택 비율>   <2003년 외부에서 이주 시 입지선택 비율>

<2004년 내부이동 시 입지선택 비율>   <2004년 외부에서 이주 시 입지선택 비율>

<2005년 내부이동 시 입지선택 비율>   <2005년 외부에서 이주 시 입지선택 비율>

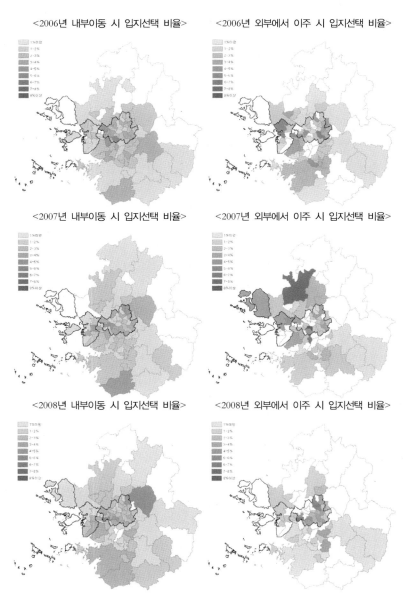

[그림 Ⅲ-6] 주거이동 시 시·군·구의 입지선택 비율

수도권 내부에서의 주거이동에 따른 시·군·구의 주거입지 선택 비율은 전체적으로 수도권 전 지역에 고르게 분포하는 것으로 나타난 반면,[11] 수도권 외부로부터 수도권으로 이주한 가구들의 입지선택 비율은 수도권 내부 주거이동 가구의 입지선택 패턴과는 다소 다른 양상을 보였다. 수도권 외부로부터 이주해 온 가구들은 경부축을 중심으로 입지하는 경향을 확인할 수 있다.

2008년의 한국노동패널 조사 시, 부가조사로 실시한 조사항목인 '현재 집으로 이사 오게 된 동기'를 수도권 내부이동 가구와 수도권 외부로부터 이주한 가구를 구분하여 분석하면 다음의 <표 Ⅲ-9>와 같다.

<표 Ⅲ-9> 내부이동 시 입지선택 이유

구분	비율(%)	순위
취업/창업	4.04	8
동일직장 내 근무지 이동	6.17	6
현재 다니는 직장/학교의 통근 편의를 위해	14.70	3
자녀 교육 때문에	2.86	11
집값이 오를 것이라 여겨져서	0.75	13
평수를 넓히거나 줄이려고	12.08	4
집값이나 전세금이 저렴해서	18.79	1
보육 혹은 부모봉양 때문에 가족/친지와 가까이 살기 위해	4.71	7
환경 및 건강 때문에	7.84	5
인근의 편의시설 때문에(마트, 공원, 복지시설 등)	2.80	12
신혼집 마련	2.95	10
내집 마련	16.59	2
어려서부터 살아왔다	0.56	15
계약만료 / 철거, 재개발	3.75	9
독립하고 싶어서	0.36	17
별거, 이혼, 가정불화	0.39	16
경제적 상황 악화	0.65	14
계	100.00	—

출처: 한국노동패널(2008년, 편집)

---

11) 한국노동패널의 초기 조사 대상이 도시지역에 거주하는 가구로 한정되어 있어 2001년과 2002년의 결과가 특정 도시들에 한정된 것으로 표현된 점을 고려하여 결과를 해석하였음.

<표 Ⅲ-10> 외부에서 이주 시 입지선택 이유

구분	비율(%)	순위
취업/창업	2.75	8
동일직장 내 근무지 이동	9.23	6
현재 다니는 직장/학교의 통근 편의를 위해	20.26	1
자녀 교육 때문에	0.76	12
평수를 넓히거나 줄이려고	2.04	9
집값이나 전세금이 저렴해서	12.44	5
보육 혹은 부모봉양 때문에 가족/친지와 가까이 살기 위해	12.83	4
환경 및 건강 때문에	5.85	7
인근의 편의시설 때문에(마트, 공원, 복지시설 등)	1.06	11
신혼집 마련	16.41	2
내 집 마련	15.25	3
별거, 이혼, 가정불화	1.12	10
계	100.00	-

출처: 한국노동패널(2008년, 편집)

수도권 내부에서 주거이동을 실행한 가구의 주거입지 선택 이유 중 상위 5개 항목은 '집값이나 전세금이 저렴해서'와 같은 주택가격 측면과 입지 측면에서 '현재 다니는 직장 또는 학교의 통근 편의를 위해', '평수를 넓히거나 줄이려고', '환경 및 건강 때문에' 등의 사항, 그리고 '내 집 마련'과 같은 주택 공급에 따른 주거소비 변화와 관련한 사항이 주로 언급되었다. 반면에, 외부에서 수도권으로 이주한 가구의 주거입지 선택 이유 중 상위 5개 항목으로는 '현재 다니는 직장 또는 학교의 통근 편의를 위해', '집값이나 전세금이 저렴해서', '내 집 마련'과 같이 수도권 내부이동 가구의 주거입지 선택 이유와 동일한 것 이외에, '신혼집 마련', '보육 혹은 부모봉양 때문에 가족 또는 친지와 가까이 살기 위해'라는 새로운 항목이 확인되었으나, 전반적인 입지선택 이유는 유사하였다.

2) 수도권 내부의 주거이동 시 장거리 이주

수도권에서 이루어지는 주거이동 시의 주거입지 선택에 대하여 해당 시·군·구 내부에서 주거입지를 선택하는 단거리 이주와 기존에 거주하던 시·군·구를 넘어서는 입지선택이 이루어지는 장거리 이주로 구분하였다. 장거리 이주 비율은 서울과 인천·경기 지역 모두에서 2007년까지 지속적으로 증가하였으나 2008년에 그 비율이 급격히 낮아진 것을 확인할 수 있다. 연도별 시·군·구 사이의 주거이동 경향에 대한 분석결과는 <표 Ⅲ-11>, [그림 Ⅲ-7]과 같다.

<표 Ⅲ-11> 수도권 내부에서 주거이동 시 장거리 이주 가구비율

(%)

구분		2001년	2002년	2003년	2004년	2005년	2006년	2007년	2008년
수도권	단거리	72.57	71.95	68.29	61.30	62.09	63.51	61.81	76.83
	장거리	27.43	28.05	31.71	38.70	37.91	36.49	38.19	23.17
서울	단거리	70.93	69.05	71.82	60.67	61.67	58.72	57.32	78.72
	장거리	29.07	30.95	28.18	39.33	38.33	41.28	42.68	21.28
인천·경기	단거리	75.00	75.00	64.89	61.84	62.42	68.18	65.50	75.40
	장거리	25.00	25.00	35.11	38.16	37.58	31.82	34.50	24.60

출처: 한국노동패널(편집)

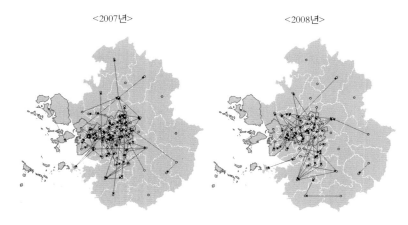

<2007년>   <2008년>

[그림 Ⅲ-7] 수도권 내 장거리 이주 패턴

　장거리 이주 경향을 시도 간 이주 가구의 비율을 통해 살펴보면,
전반적으로 서울, 인천, 그리고 경기도 모두에서 해당 시도 내부의
이주 비율이 90%에 달할 정도로 높음을 알 수 있다. 그러나 서울의
경우 경기도로의 이주 가구비율이 매년 10% 이상을 차지할 정도로
타 시도에 비해 상대적으로 높으며, 인천의 경우에도 경기도로의 이
주 가구비율이 높은 것을 확인할 수 있다. 반면 경기도는 경기도 내
부에서의 이주 비율이 90%를 넘어설 정도로 높은 비율을 보이고 있
음을 알 수 있다(<표 Ⅲ-12> 참조).

　수도권에서의 장거리 이주 시 주거입지로 선택한 핵심 이유를 살
펴보면, '집값이나 전세금이 저렴해서', '내 집 마련', '현재 다니는 직
장 또는 학교의 통근 편의를 위해', '평수를 넓히거나 줄이려고', '환
경 및 건강 때문에' 등으로 수도권 내부에서 주거이동을 한 가구들
의 주거입지 선택 이유의 상위 5개 항목과 같으며 순위 역시 동일하

게 나타나고 있다. 이는 수도권 거주자들의 주거입지 선택 시 고려 사항이 특정 5개 항목에 해당함을 의미한다.

<표 Ⅲ-12> 시도 간 이주 가구비율

(%)

구분		2001년	2002년	2003년	2004년	2005년	2006년	2007년	2008년	연평균
기점	종점									
서울	서울	86.6	87.5	85.6	83.7	90.0	85.5	88.4	89.4	87.1
	인천	0.6	0.6	1.7	2.2	-	0.6	0.6	0.7	1.0
	경기	12.8	11.9	12.7	14.0	10.0	14.0	11.0	9.9	12.0
인천	서울	-	2.4	-	-	9.1	6.5	-	5.3	5.8
	인천	95.5	92.7	92.5	90.5	78.8	87.1	87.5	86.8	88.9
	경기	4.5	4.9	7.2	9.5	12.1	6.5	12.5	7.9	8.1
경기	서울	9.6	2.5	4.7	7.9	6.5	6.2	9.4	6.7	6.7
	인천	2.1	1.7	2.7	1.2	2.4	0.7	3.1	0.7	1.8
	경기	88.3	95.8	92.6	90.9	91.1	93.1	87.5	92.6	91.5

출처: 한국노동패널(편집)

<표 Ⅲ-13> 수도권 내 장거리 이주 시 입지선택 이유

구분	비율(%)	순위
취업/창업	3.81	9
동일직장 내 근무지 이동	6.72	6
현재 다니는 직장/학교의 통근 편의를 위해	15.70	3
자녀 교육 때문에	2.48	12
집값이 오를 것이라 여겨져서	0.62	13
평수를 넓히거나 줄이려고	10.27	4
집값이나 전세금이 저렴해서	17.64	1
보육 혹은 부모봉양 때문에 가족/친지와 가까이 살기 위해	6.18	7
환경 및 건강 때문에	7.48	5
인근의 편의시설 때문에(마트, 공원, 복지시설 등)	2.49	11
신혼집 마련	5.38	8
내 집 마련	16.35	2

어려서부터 살아왔다	0.46	16
계약만료 / 철거, 재개발	3.07	10
독립하고 싶어서	0.29	17
별거, 이혼, 가정불화	0.52	15
경제적 상황 악화	0.53	14
계	100.00	—

출처: 한국노동패널(2008년, 편집)

3) 가구유형별 주거입지 선택

수도권 내부에서 주거이동을 실행한 가구유형별 주거입지 선택의 패턴을 확인하기 위하여 가구유형별 주거입지 선택 비율을 산정하였다. 행정구역이 분할된 일부 시·군·구를 조정하여 2001년부터 2008년까지의 주거입지 선택 비율을 검토한 결과는 <표 Ⅲ-14>와 같다. 각 셀은 가구유형별 주거입지 선택 비율을 나타내며, 셀의 음영이 진할수록 높은 선택지역을 의미한다. 가구유형별로 특정 시·군·구로의 주거입지 선택 비율이 높은 특징을 확인할 수 있다.

<표 Ⅲ-14> 수도권 가구유형별 주거입지 선택 비율(2001~2008년)

(%)

행정구역	YS	OS	RS	YC	OC	RC	S+c	C+c	3A	3A+c	계
서울시 종로구	0.120	—	—	—	0.029	0.038	—	0.122	0.038	0.064	0.412
서울시 중구	0.031	—	—	—	0.075	—	—	0.116	0.284	0.181	0.687
서울시 용산구	0.153	0.051	0.053	0.015	0.021	—	—	0.056	0.198	0.075	0.621
서울시 성동구	0.191	0.100	0.043	0.039	—	0.094	—	0.420	0.372	0.102	1.360
서울시 광진구	0.039	—	0.068	0.026	0.155	0.164	—	0.432	0.578	0.353	1.815
서울시 동대문구	0.063	0.075	0.030	0.080	0.215	0.092	0.043	0.760	0.480	0.298	2.136
서울시 중랑구	0.146	0.117	0.114	0.026	0.042	0.087	0.070	0.774	0.888	0.277	2.541
서울시 성북구	—	0.049	0.041	0.039	0.017	0.175	0.211	1.017	0.377	0.251	2.178
서울시 강북구	0.117	0.038	0.111	—	0.009	0.065	—	0.468	0.163	0.041	1.013

행정구역	YS	OS	RS	YC	OC	RC	S+c	C+c	3A	3A+c	계
서울시 도봉구	0.036	0.049	0.027	—	0.036	0.151	—	0.704	0.462	0.339	1.804
서울시 노원구	0.192	0.123	0.065	0.016	0.230	0.296	—	2.047	0.975	0.423	4.367
서울시 은평구	—	0.118	—	—	0.164	0.126	0.043	0.453	0.808	0.287	1.999
서울시 서대문구	0.110	0.151	—	—	0.048	0.033	—	0.404	0.450	0.181	1.376
서울시 마포구	0.029	0.029	0.034	0.180	0.157	0.036	—	0.450	0.233	0.192	1.340
서울시 양천구	0.101	0.163	0.046	0.141	0.092	0.079	0.045	0.938	0.389	0.375	2.369
서울시 강서구	0.216	0.094	0.205	0.132	0.094	0.057	—	0.851	0.389	0.502	2.540
서울시 구로구	0.360	—	0.090	0.065	0.071	0.170	0.024	0.560	0.887	0.063	2.290
서울시 금천구	0.145	0.152	—	0.125	0.133	0.040	0.025	0.377	0.596	0.083	1.676
서울시 영등포구	0.045	0.175	0.037	0.071	0.162	—	—	0.927	0.224	0.417	2.058
서울시 동작구	0.033	0.044	—	0.024	0.243	0.075	0.054	0.694	0.589	0.135	1.892
서울시 관악구	0.255	0.057	0.090	0.068	0.108	0.064	0.244	0.505	0.509	0.029	1.928
서울시 서초구	0.120	0.140	—	0.114	0.111	0.033	0.107	0.374	0.395	0.038	1.432
서울시 강남구	0.552	0.138	0.061	0.153	0.076	0.031	—	0.212	0.416	0.161	1.800
서울시 송파구	0.345	0.298	—	0.159	0.110	0.108	0.038	0.667	0.766	0.361	2.852
서울시 강동구	0.282	0.242	0.051	—	0.054	0.232	0.034	0.846	0.501	0.243	2.486
인천시 중구	—	—	—	—	0.020	—	—	0.127	0.026	—	0.174
인천시 동구	—	—	—	—	0.123	0.030	—	0.094	—	0.036	0.283
인천시 남구	0.093	0.057	—	0.135	0.064	—	0.042	0.793	0.512	0.212	1.907
인천시 연수구	0.038	0.029	0.040	—	0.047	0.049	—	0.581	0.035	—	0.819
인천시 남동구	0.186	0.037	0.087	—	—	0.067	0.121	0.456	0.374	0.167	1.496
인천시 부평구	0.191	0.053	0.161	0.080	0.118	0.024	0.104	0.671	0.622	0.217	2.241
인천시 계양구	0.148	0.066	—	0.015	—	—	—	0.479	0.270	0.152	1.130
인천시 서구	0.071	0.079	0.101	0.034	0.011	0.071	—	0.481	0.231	0.158	1.236
인천시 강화군	—	—	—	—	—	—	—	0.035	0.037	—	0.071
인천시 옹진군	—	—	—	—	—	—	—	—	—	—	—
수원시12)	0.379	0.067	0.074	0.236	0.110	0.064	—	2.073	0.608	0.414	4.026
성남시 수정구	0.079	0.017	0.135	0.100	—	0.056	0.100	0.471	0.138	0.128	1.224
성남시 중원구	0.137	0.246	0.035	0.027	—	0.055	0.022	0.302	0.367	0.083	1.274
성남시 분당구	0.199	0.123	0.058	0.068	—	0.183	—	0.977	0.085	0.122	1.815
의정부시	0.119	0.038	—	—	—	0.048	0.068	1.010	0.643	0.232	2.156
안양시 만안구	—	0.065	—	0.019	0.098	—	—	0.357	0.442	0.179	1.160
안양시 동안구	0.105	0.093	0.061	0.027	0.060	0.027	0.052	0.741	0.209	0.255	1.630
부천시 원미구	0.194	0.160	0.055	0.014	0.063	0.017	0.030	0.773	0.339	0.126	1.770
부천시 소사구	—	—	—	0.128	0.061	—	—	0.257	0.142	0.120	0.709
부천시 오정구	0.073	0.085	0.035	0.041	0.101	—	0.028	0.153	0.202	—	0.719
광명시	0.105	0.050	0.084	0.055	0.027	0.031	—	1.065	0.432	0.183	2.031

행정구역	YS	OS	RS	YC	OC	RC	S+c	C+c	3A	3A+c	계
평택시	0.143	0.144	0.128	0.142	0.104	—	—	0.821	0.472	0.323	2.277
동두천시	—	0.083	0.027	—	—	0.038	—	0.156	0.124	0.023	0.450
안산시[13]	0.039	0.242	—	0.083	0.064	0.086	0.092	1.191	0.225	0.285	2.308
고양시 덕양구	—	0.110	0.321	0.029	0.071	0.124	—	0.341	0.322	0.076	1.394
고양시 일산구[14]	0.081	0.064	0.143	0.054	0.110	0.095	—	0.757	0.359	0.110	1.772
과천시	—	—	—	0.025	—	—	—	0.263	0.066	0.047	0.401
구리시	0.077	0.141	—	—	0.055	0.065	—	0.297	0.100	0.226	0.961
남양주시	0.305	0.246	0.019	—	0.016	0.153	—	1.163	0.955	0.348	3.204
오산시	0.071	—	—	—	0.066	0.048	—	0.334	0.095	0.087	0.701
시흥시	0.309	0.117	—	—	—	0.075	0.088	0.690	0.217	0.024	1.520
군포시	—	0.023	0.034	0.052	0.200	—	—	0.712	0.224	0.144	1.390
의왕시	—	0.038	—	—	—	0.048	0.033	0.758	—	0.048	0.924
하남시	—	—	—	—	—	0.064	—	0.594	0.244	0.045	0.948
용인시[15]	0.078	0.076	—	0.070	0.012	0.246	0.017	0.935	0.294	0.345	2.072
파주시	0.044	—	0.142	0.044	—	0.335	—	0.494	0.110	—	1.169
이천시	0.169	—	—	0.017	0.033	0.029	—	0.261	0.129	0.062	0.701
안성시	0.109	—	0.047	—	—	—	—	0.075	0.217	0.138	0.586
김포시	—	0.028	—	—	—	—	—	0.087	0.037	0.091	0.242
화성시	0.094	0.072	—	0.056	0.018	0.024	—	0.573	0.174	0.036	1.046
광주시	0.127	0.031	0.042	0.026	0.029	—	—	0.221	0.118	0.073	0.666
양주군	—	0.046	0.039	—	—	—	—	0.058	0.046	0.006	0.195
여주군	—	0.071	—	—	—	—	—	0.015	—	—	0.086
연천군	—	—	—	—	—	0.029	—	—	—	—	0.029
포천군	—	—	—	—	—	—	—	0.033	—	—	0.033
가평군	—	—	—	—	—	—	—	—	—	—	—
양평군	—	—	—	—	0.027	—	—	0.021	0.032	—	0.080
계	7.444	5.198	3.033	3.051	4.160	4.423	1.737	37.918	22.241	10.794	100.000

---

12) 수원시는 2003년 이후 권선구, 장안구, 팔달구의 일부지역을 영통구로 신설하여 주거입지 선택 비율은 수원시로 통합한 비율을 제시한 것임.

13) 안산시는 2003년에 분할된 단원구와 상록구를 통합한 비율임.

14) 고양시 일산구는 2005년 분할된 일산서구와 일산동구를 통합한 비율임.

15) 용인시는 2005년 분할된 처인구, 수지구, 기흥구를 통합한 비율임.

4) 사회·경제계층별 주거입지 선택

수도권 내부의 주거이동 가구들에 대한 사회·경제계층별 주거입지 선택의 차이를 확인하기 위해 2001년부터 2008년까지의 사회·경제계층별 주거입지 선택 비율을 시·군·구 단위로 산정한 결과는 <표 Ⅲ-15>와 같다. 행정구역의 조정 방법은 가구유형별 주거입지 선택 비율과 동일하다. 사회·경제계층별 주거입지 선택 비율역시 셀의 음영이 진한 경우 주거입지로 선택한 비율이 높은 지역을나타내며, 지역별로 특정 소득계층이 주거입지로 선택할 비율이 높음을 의미한다.

<표 Ⅲ-15> 사회·경제계층별 주거입지 선택 비율(2001~2008년)

(%)

행정구역	1분위	2분위	3분위	4분위	5분위	계
서울시 종로구	0.038	0.029	0.120	0.071	0.153	0.412
서울시 중구	–	0.031	0.254	0.249	0.153	0.687
서울시 용산구	0.163	0.153	0.027	0.126	0.152	0.621
서울시 성동구	0.237	0.339	0.171	0.298	0.315	1.360
서울시 광진구	0.435	0.160	0.403	0.506	0.311	1.815
서울시 동대문구	0.239	0.338	0.220	0.612	0.727	2.136
서울시 중랑구	0.433	0.615	0.544	0.513	0.435	2.541
서울시 성북구	0.377	0.489	0.359	0.543	0.410	2.178
서울시 강북구	0.337	0.150	0.149	0.053	0.324	1.013
서울시 도봉구	0.204	0.316	0.429	0.319	0.536	1.804
서울시 노원구	0.529	0.385	0.905	1.224	1.324	4.367
서울시 은평구	0.400	0.496	0.217	0.460	0.426	1.999
서울시 서대문구	0.251	0.325	0.181	0.161	0.459	1.376
서울시 마포구	0.111	0.297	0.248	0.301	0.383	1.340
서울시 양천구	0.362	0.269	0.688	0.445	0.604	2.369
서울시 강서구	0.582	0.558	0.394	0.519	0.487	2.540

행정구역	1분위	2분위	3분위	4분위	5분위	계
서울시 구로구	0.755	0.401	0.691	0.228	0.216	2.290
서울시 금천구	0.517	0.444	0.395	0.219	0.101	1.676
서울시 영등포구	0.151	0.438	0.347	0.550	0.571	2.058
서울시 동작구	0.256	0.369	0.459	0.515	0.293	1.892
서울시 관악구	0.562	0.379	0.554	0.218	0.215	1.928
서울시 서초구	0.316	0.160	0.152	0.283	0.521	1.432
서울시 강남구	0.258	0.326	0.186	0.530	0.501	1.800
서울시 송파구	0.671	0.525	0.287	0.420	0.949	2.852
서울시 강동구	0.483	0.481	0.588	0.506	0.427	2.486
인천시 중구	0.056	—	0.064	0.026	0.028	0.174
인천시 동구	0.113	0.158	—	0.012	—	0.283
인천시 남구	0.037	0.377	0.609	0.404	0.481	1.907
인천시 연수구	0.067	0.259	0.071	0.153	0.269	0.819
인천시 남동구	0.396	0.434	0.229	0.262	0.175	1.496
인천시 부평구	0.601	0.524	0.646	0.258	0.211	2.241
인천시 계양구	0.270	0.273	0.395	0.079	0.113	1.130
인천시 서구	0.147	0.306	0.347	0.205	0.230	1.236
인천시 강화군	0.035	—	—	—	0.037	0.071
인천시 옹진군	—	—	—	—	—	—
수원시	0.574	0.524	0.911	0.942	0.745	3.697
성남시 수정구	0.233	0.561	0.424	0.213	0.122	1.553
성남시 중원구	0.420	0.325	0.270	0.145	0.114	1.274
성남시 분당구	0.217	0.092	0.328	0.219	0.959	1.815
의정부시	0.180	0.251	0.640	0.369	0.717	2.156
안양시 만안구	0.160	0.210	0.374	0.309	0.106	1.160
안양시 동안구	0.140	0.205	0.528	0.492	0.614	1.978
부천시 원미구	0.159	0.278	0.338	0.482	0.165	1.422
부천시 소사구	0.036	0.314	0.185	0.156	0.018	0.709
부천시 오정구	0.130	0.277	0.100	0.165	0.048	0.719
광명시	0.445	0.645	0.507	0.156	0.278	2.031
평택시	0.515	0.481	0.368	0.557	0.357	2.277
동두천시	0.110	0.030	—	0.038	—	0.177
안산시	0.577	0.716	0.401	0.519	0.368	2.580
고양시 덕양구	0.397	0.308	0.231	0.068	0.391	1.394

행정구역	1분위	2분위	3분위	4분위	5분위	계
고양시 일산구	0.368	0.331	0.294	0.339	0.441	1.772
과천시	0.049	–	0.070	0.025	0.257	0.401
구리시	0.216	0.194	0.279	0.128	0.143	0.961
남양주시	0.396	0.431	0.838	0.964	0.575	3.204
오산시	0.079	0.071	0.221	0.191	0.139	0.701
시흥시	0.448	0.487	0.393	0.046	0.147	1.520
군포시	0.216	0.151	0.106	0.218	0.700	1.390
의왕시	0.129	0.072	0.177	0.353	0.193	0.924
하남시	0.120	0.056	0.116	0.059	0.391	0.743
용인시	0.097	0.310	0.236	0.689	0.945	2.277
파주시	0.362	0.323	0.079	0.142	0.262	1.169
이천시	0.085	0.301	0.076	0.209	0.029	0.701
안성시	0.110	0.160	0.128	0.126	0.063	0.586
김포시	0.063	–	0.114	0.065	–	0.242
화성시	0.023	0.285	0.299	0.320	0.118	1.046
광주시	0.042	0.161	0.289	0.067	0.108	0.666
양주군	–	0.015	0.069	0.105	0.006	0.195
여주군	0.036	0.050	–	–	–	0.086
연천군	0.029	–	–	–	–	0.029
포천군	–	–	–	0.033	–	0.033
가평군	–	–	–	–	–	–
양평군	0.027	0.034	–	0.019	–	0.080
계	17.576	19.454	20.718	20.194	22.058	100.000

Ⅳ. 수도권 주거입지 변화에 대한 실증분석

Ⅳ장에서는 수도권을 대상으로 주거입지 변화와 관련한 실증분석의 결과를 제시하고자 한다. 실증분석은 주거이동, 주거입지 선택, 그리고 주택 점유형태 선택에 대한 것이다. 이 책에서는 가구규모의 변화로 인해 주거이동을 결정하는 데 미치는 영향요인, 토지이용－교통 상호작용 기반의 주거입지 선택 영향 요인, 그리고 주택의 점유형태 선택에 영향을 주는 경제적 요인 등 장기적 주거입지 변화와 관련한 분석에 초점을 맞춘다.

1. 가구규모 변화에 따른 주거이동[1]

1) 개요

　도시가구들은 한 주택에 오랜 기간 동안 거주하는 경우도 있으나, 연평균 34%에 달하는 서울시 거주가구의 주거이동률[2]에서 확인할 수 있는 바와 같이, 대부분의 가구는 여러 번 주거이동을 경험하게 된다. 주거이동은 도시공간의 변화를 이끌어 내는 핵심적 기제 중 하나[3]로서, 단순히 개별 가구의 장소적 이전만이 아니라 주거이동 가구들이 각기 지니고 있는 특성을 함께 가지고 이동함으로써 도시 공간의 인구·사회학적 패턴을 재구성하는 요인으로 작용한다.[4]

　지금까지 주택시장과 관련한 대부분의 연구에서는 특정 시점을 기준으로 한 정태적 분석을 수행하였다. 그러나 주택시장은 장기적으로 변화하는 인구·사회학적 상황을 고려하여 파악할 때 실질적인 변화 양상을 이해할 수 있다. 또한, 앞서 언급한 바와 같이, 주택시장과 관련한 장기적 변화는 결국 도시공간구조의 변화에 영향을 미치게 되므로, 주택에 대한 수요·공급 계획 그리고 관련 정책들을 수립하기 위해서는 시간의 흐름에 따라 변화하는 인구·가구 관련 특성의 변화 요인들을 고려하여야 한다.

---

1) 가구규모 변화에 따른 주거이동에 대한 실증분석은 이창효·이승일(2012)의 연구 결과를 중심으로 재구성하였음.

2) 김태현, 2008, 앞의 논문.

3) Brummell, A., 1979, op. cit.
　한대현, 1986, 앞의 논문.

4) Simmons, J. W., 1968, op. cit.
　임창호 외, 2002, 앞의 논문.

주거이동과 관련한 주요 쟁점은 '누가 이주하는가?', '왜 이주하는 가?', 그리고 '이주의 출발지역과 도착지역은 어디인가?' 등이다.[5] 도 시지역에서 가구의 주거이동에 영향을 미치는 주요 요인으로 언급 되고 있는 것은 경기변동과 같은 경제·사회적 변화, 인구학적 변화, 주택시장의 구조적 변화와 같은 가구 외적 요인의 변화, 그리고 개 별가구의 생활방식 변화와 점유형태 등 가구 내부적인 요인의 변화 이다.[6] 이 중 가구의 내부적인 요인은 주거이동에 대한 일반적 정의 중 하나로 언급되고 있는 "가구의 현 주거공간에 대한 주거불만을 해소하기 위한 주거소비의 조정 과정"[7]과 관련이 깊다.

주거불만의 발생 원인은 가구 자체가 지니고 있는 특성과 가구가 경험하게 되는 생애주기(life−cycle) 단계의 변화이다. 가구특성은 장 기적 측면에서 변화하는 성질을 내재하고 있으며, 생애주기 단계의 변화는 가장 많이 언급되고 있는 주거이동 요인이다. 생애주기와 관 련하여, 이를 구분하는 주요 기준 중 하나인 가구 구성원의 변화는 공간에 대한 추가적인 필요 또는 요구의 변화를 유발하고,[8] 결국 주

---

5) Short, J. R., 1978, op. cit.

6) Knox, P. and Pinch, S., 2009, op. cit.
  노승철, 2010, 앞의 논문.
  양재섭·김상일, 2007, 앞의 책.
  정일호 외, 2010, 앞의 책.

7) Brown, L. A. and Longbrake, D. B., 1970, op. cit.
  Brown, L. A. and Moore, E. G., 1970, op. cit.
  김윤기, 1988, 앞의 논문.
  조재순, 1992, 앞의 논문.
  최미라·박강철, 1996, "지방도시의 주거이동특성과 추정모델에 관한 연구−광주, 춘천, 목포시 아파트 거주자를 중심으로−", 대한건축학회논문집, 제12권, 제11호, 대한건축학회, 서울, 3−14쪽.
  천현숙, 2004, 앞의 논문.

8) Brummell, A., 1979, op. cit.
  Chevan, A., 1971, op. cit.
  Moore, E. G., 1972, op. cit.
  조재순, 1992, 앞의 논문.

거이동의 원인으로 작용하게 된다. 이러한 연속적이고 구조적인 변화 관계를 기초로, 실질적인 주거소비 조정 과정에 대한 종단적인 연구가 요구되고 있다.

이와 같은 배경하에, 주거이동 실증분석에서는 가구 생애주기 단계의 변화에 따른 구성원의 증감으로 인해 적극적인 주거소비 조정 과정인 주거이동이 발생한다는 선행연구 결과를 전제로 하여, 가구 구성원 변화 이후에 발생하는 주거이동에 미치는 영향 요인을 실증분석하였다. 분석결과는 도시가구의 장래 주거이동 패턴과 도시공간 구조의 역동적 변화 양상의 예측과 관련한 시사점을 제공할 수 있다. 가구 구성원 변화로 인한 주거이동은 동시에 이루어지기도 하지만 일반적으로는 시간차를 두고 발생하므로, 이를 반영하기 위하여 가구의 주택 거주기간을 포함한 분석모형을 활용하여 실증분석을 수행하였다.

2) 관련 이론 및 선행연구

① 주거조정과 주거이동

주거조정은 가구의 주거 서비스 요구에 대하여 가구가 주택으로부터 제공받는 서비스의 만족도가 현저하게 감소할 때 나타나게 되며, 이에 대한 대응은 '주거이동', '주택개조', 그리고 '가구적응' 등의 형태로 표출된다.[9] 이 중 '주거이동'은 주거불만족 해결을 위해 선택하는 적극적인 주거조정 방법 중 하나이다.

---

9) Morris, E. W. and Winter, M., 1975, op. cit.

주거이동에 대한 연구는 19세기 시카고의 도시생태학자들에 의해 주거지의 공간적 패턴 변화에 대한 논의에서 시작되었다. 이는 주거이동에 대한 출발지역과 도착지역 사이의 이동 요인에 대한 연구의 토대가 되었으며,[10] 이후 주거이동에 대한 가구의 사회·경제적 특성 관련 연구와 연결됨으로써 가구의 의사결정 행태를 파악하는 방향으로 발전하였다.[11]

Varady(1980)는 가구의 주거이동에 영향을 주는 요인을 입지특성, 주택특성, 그리고 개인속성으로 구분하고, 이러한 요인들 자체의 특성과 함께 요인들에 대해 인지된 문제점과 만족도를 매개로 하여 주거이동이 발생한다고 하였다. 국내외 다수의 선행연구에서 언급된 주거이동 요인에는 생애주기 단계, 가구주의 연령, 직업, 소득 등 사회·경제계층 관련 요인, 그리고 주택가격, 주택 점유형태, 주거환경 등 주택 및 근린특성이 있다. 그중에서 가장 중요한 선행연구는 생애주기 단계의 변화에 따른 주거이동으로, Chevan(1971)의 혼인기간과 자녀출산에 따른 주거이동 효과 분석에서는 혼인기간이 길어짐에 따라 주거이동 확률이 낮아지며, 자녀출산은 주거공간에 대한 추가적인 압력으로 인식되어 주거이동 확률을 높인다고 하였다.

② 주택 거주기간

동일 주택에 거주를 지속한 기간에 대한 영향 요인으로, 선행연구에서는 가구의 사회·경제적 특성, 거주하고 있는 주택의 특성, 그리고 주거환경 등을 확인하였다. 최미라·박강철(1996)은 가구의 사

---

10) 한대현, 1986, 앞의 논문.
11) 임창호 외, 2002, 앞의 논문.

회・경제적 특성 중 가구주 연령, 배우자 연령, 과거의 주거이동 횟수, 그리고 주택규모를 거주기간에 영향을 미치는 요인으로 분석하였고, 최열・임하경(2005a)은 가구특성 중에서는 가구원 수, 가구주 연령, 가구소득, 거주 이유, 주택특성으로는 점유형태, 주택형태, 주택에 대한 만족도, 그리고 근린특성으로 범죄에 대한 불안감, 편리성, 이웃과의 친밀성이 거주기간에 대한 영향 요인임을 확인하였다. 최은선・남진(2011)은 자가 가구와 전세 가구를 구분하여 거주기간에 미치는 영향 요인의 차이를 검토하였다. 자가 가구는 가구주 연령과 학력, 주택규모, 전세가구의 경우에는 가구주 연령, 자영업자 여부, 가구소득, 주택규모가 거주기간에 영향을 주는 요인으로 분석되었다. 서원석 외(2010)는 거주기간에 영향을 미치는 요인에 대해 미국 오하이오 주를 대상으로 실증분석을 수행하여, 서비스의 취약성과 혼잡성 등 근린지역의 주거환경과 주거비용이 영향을 주는 요인임을 언급하였으며, 지역에서의 거주기간 역시 주택 거주기간에 정(+)의 영향을 주게 됨을 확인하였다.[12]

주택 거주기간이 아닌 주택의 소유기간(소유 회전율)에 대한 연구에서는 주택의 소유형태, 그리고 가구주의 연령과 교육수준, 가구규모, 소득과 같은 가구특성을 영향 요인으로 분석하였다.[13] 뿐만 아

---

12) Speare, A. Jr., 1974, "Residential Satisfaction as an Intervening Variable in Residential Mobility", *Demography*, Vol.11, No.2, pp.173−188.
최미라・박강철, 1996, 앞의 논문.
최열・임하경, 2005b, "장소애착 인지 및 결정요인 분석", 국토계획, 제40권, 제2호, 대한국토・도시계획학회, 서울, 53−64쪽.

13) 김태경, 2009, "주택의 소유형태에 따른 소유회전율 결정요인에 관한 연구", 국토계획, 제44권, 제3호, 대한국토・도시계획학회, 서울, 125−135쪽.
Archer, W. R. et. al., 2010, "Ownership Duration in the Residential Housing Market: The Influence of Structure, Tenure, Household and Neighborhood Factors", *Journal of Real Estate Finance and Economics*, Vol.40, No.1, pp.41−51.

니라 정책, 거시경제, 시장 상황 역시 소유기간에 대하여 영향을 미치는 요인인 것으로 확인되었다.[14]

이와 같이, 기존의 연구는 가구의 주거이동과 거주기간에 영향을 미치는 다양한 요인을 도출하는 데 초점이 맞추어져 있다. 반면, 이 실증분석에서는 주거이동의 주요 원인으로 언급하고 있는 가구 구성원의 변화를 전제로 하여, 가구원 증가 가구와 감소 가구로 구분하고 가구원 변화 유형에 따른 주거이동 실행 패턴에 대해 거주기간을 고려한 동태적 측면의 분석을 수행하였다.

3) 분석 방법론

① 분석모형 설정

실증분석에서는 가구 구성원 변화에 따른 주거이동과 주거이동 시점까지 소요되는 거주기간에 대한 영향 요인을 분석하기 위해 생존모형(survival analysis)을 활용하였다. 생존모형은 특정 상태(state)에 머물러 있는 시간(time)의 길이를 분석하고, 이 시간에 영향을 미치는 요인을 도출하여 그 효과의 강도를 추정하는 통계적 방법으로,[15] 사건(events)의 발생 여부에 대해 불확실한 자료(censored data)를 분석에 포함할 수 있다는 장점을 가지고 있다.[16] 이를 통하여 사건 발생 여부가 불확실한 자료가 연구결과에 영향을 주는 중요한 정

---

14) 김태경, 2010, "주택의 소유기간에 영향을 미치는 정책변수에 관한 연구－성남시와 안양시를 대상으로－", 국토계획, 제45권, 제5호, 대한국토·도시계획학회, 서울, 105－116쪽.

15) 박재빈, 2006, 생존분석: 이론과 실제, 신광출판사, 서울.

16) 송경일·안재억, 2006, SPSS for window를 이용한 생존분석, 도서출판 한나래, 서울.
최막중·고진수, 2006, "주택유형 간 유동성 차이에 관한 연구: 단독주택과 아파트의 매매사례를 중심으로", 국토계획, 제41권, 제3호, 대한국토·도시계획학회, 서울, 83－93쪽.

보일 수 있음에도 불구하고 해당 자료를 제외함으로써 발생할 수 있는 편의(system error)를 제거할 수 있다.[17]

생존모형은 질병에 대한 노출, 발병, 소강, 치유, 재발, 사망 등과 관련한 의학 분야에서 널리 활용되고 있으며, 그 외에도 취업 또는 실업기간을 분석하는 경제학, 공업 생산품의 평균 수명을 추정하는 제조업 관련 분야에서도 이용되고 있다.[18] 실증분석에서는 가구 구성원 변화 이후의 주거이동을 가구의 주거소비 조정 과정에서 발생하는 '사건'으로 설정하고, 두 사건 사이의 시간, 즉 가구 구성원 변화 이후의 거주기간에 미치는 영향 요인을 확인하기 위해 생존모형을 적용하였다. 즉 생존모형은 가구 구성원의 변화라는 특정한 원인으로 인해 나타나는 주거이동이라는 사건과 그때까지 소요된 시간을 동시에 고려할 수 있는 분석모형이다.

생존모형에서 위험함수 $h(t)$는 시점 t의 순간적인 사건 발생위험도를 의미하며, 시점 t까지 생존해있는 개체를 대상으로 한 위험도로 산정된다. 즉 시점 t까지 생존하였다는 조건하의 위험도를 의미한다. 위험함수는 다음과 같이 표현할 수 있으며, 위험함수는 사건과 관련하여 단기간 Δt에 관찰된 발생건수를 이용하여 추정한다.

$$h(t) = \lim_{\Delta t \to 0} \frac{\Pr(t \leq T < t + \Delta t)}{S(t)\Delta t}$$

$$S(t) = \Pr(T \geq t)$$

$$\hat{h}(t) = \frac{e(t, t + \Delta t)}{nS(t)\Delta t}$$

---

17) 최은선 · 남진, 2011, "자가가구와 전세가구의 거주기간에 미치는 영향 요인의 비교분석", 서울도시연구, 제12권, 제4호, 서울연구원, 서울, 123 – 136쪽.

18) 박재빈, 2006, 앞의 책.

단, $S(t)$: 시점 t의 생존함수

$\hat{h}(t)$: 추정 위험함수

$e(t,t+\Delta t)$: 시점 t로부터 단기간의 사건 수

$nS(t)$: 시점 t의 생존 개체 수

분석에 적용한 생존모형은 개별 가구의 특성에 따른 사건 발생 확률의 차이, 즉 생존함수에 영향을 미치는 요인을 분석할 수 있는 Cox 비례위험모형(Cox proportional hazard model)을 활용하였다. Cox 비례위험모형은 특정한 분포를 가정하지 않는 비모수적(non-parametric) 분석 방법론으로, 생존기간에 대한 분포를 알 수 없는 경우에도 활용할 수 있는 장점이 있다.[19] Cox 비례위험모형에서 개체 i에 대한 t시점에서의 위험 $h_i(t)$와 이에 영향을 미치는 요인 x_1, x_2, ……, x_q의 관계는 아래의 수식과 같이 표현할 수 있다. 위험비 $h_i(t)/h_0(t)$는 기저선 위험 $h_0(t)$에 대한 시점 t에서 i번째 개체의 위험의 상대적 차이를 나타낸다. 따라서 x_q의 값 한 단위 변화에 따른 로그-위험비의 증감은 β_q와 같다.

$$h_i(t) = h_0(t)e^{\beta_1 x_1 + \beta_2 x_2 + \cdots\cdots + \beta_q x_q}$$

$$\frac{h_i(t)}{h_0(t)} = e^{\beta_1 x_1 + \beta_2 x_2 + \cdots\cdots + \beta_q x_q}$$

단, $h_0(t)$: 기저선(baseline) 위험

x_q: 공변량(covariate)

---

19) 마강래・강은택, 2011, "최초 주택구입 기간에 영향을 미치는 요인에 관한 연구-생존분석을 중심으로-", 국토계획, 제45권, 제1호, 대한국토・도시계획학회, 서울, 51-63쪽.
Archer, W. R. et. al., 2010, op. cit.

β_q: 생존회귀계수

② 분석자료 및 변수 설정

패널자료는 조사 대상의 관측할 수 없는 개별 효과(unobservable individual effects)를 통제함으로써 시간의 경과 혹은 정부 정책 등 환경의 변화에 따라 개인 또는 가구의 의사결정이나 행동양식이 어떻게 변화해 나가는지에 대한 동태적 변화를 포착할 수 있는 장점이 있다.[20] 실증분석을 위해 필요한 가구 구성원의 변화 여부, 그 이후의 거주기간, 주거이동 여부에 대한 정보는 동일한 가구에 대해 지속적인 추적조사를 수행하는 패널자료로부터 추출될 수 있다.

따라서 실증분석은 이와 관련하여 구득할 수 있는 국내의 가구단위 패널조사 자료인 한국노동패널을 활용하였다. 분석 대상인 가구 구성원 변화 가구 여부는 조사시점을 기준으로 과거 1년간의 기존 가구원, 신규 가구원, 분가 가구원, 그리고 사망 가구원의 존재 여부를 검토하여, 해당 조사 연도의 가구원 증가 또는 감소를 확인하여 도출하였다. 그리고 가구원 변화가 확인된 가구에 대하여 해당 가구의 이후 연도 조사 자료에 대한 쌍대 비교를 통하여 가구원 변화 이후의 주거이동 여부와 최초 주거이동까지의 거주기간을 확인하였다.

---

20) 남재량 외, 2010, 앞의 책.

③ 종속변수와 독립변수 설정

실증분석을 위한 종속변수인 주거이동 여부와 거주기간에 대한
정보 도출 기준은 다음과 같다.

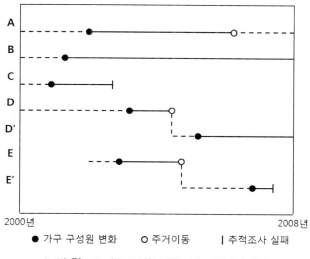

[그림 Ⅳ-1] 가구 구성원 변화 이후 거주기간 산정

가구 구성원 변화 이후의 거주기간은 [그림 Ⅳ-1]과 같은 기준에
의해 산정하였다. A~E'은 관찰대상을 의미하며, 표시된 각 기호는
가구 구성원 변화 시점(●), 주거이동 시점(○), 그리고 관찰대상에
대한 조사 실패 시점(|)을 나타낸다. 점선(---)은 본 연구에서 고
려하지 않는 거주기간이며, 실선(—)은 관찰된 거주기간의 길이, 즉
위험노출시간이다. A, D, E는 가구 구성원 변화 이후 주거이동을 수
행한 경우를 나타낸다. 또한, 가구 구성원의 변화는 가구별로 여러
번 발생할 수 있으며, D'와 E'가 그러한 경우이다. 따라서 본 연구에

서는 가구 구성원 변화를 기준으로 시계열 횡단면 자료(cross-sectional time-series data)를 구성하였다. 또한, 주거이동 여부와 관련하여 최종 조사시점까지 주거이동을 하지 않은 B와 D', 최종 조사시점 이전에 추적조사를 실패한 C와 E'는 우측 중도절단 자료(right-censored data)로 처리하였다. 우측 중도절단 자료의 경우, 조사된 거주기간은 실제 거주기간보다 짧게 산정되며, Cox 비례위험모형에서 이를 고려한 분석이 되도록 하였다.

실증분석에 적용할 독립변수는 선행연구 검토 결과와 활용자료로부터의 정보 도출 가능성을 토대로 하였고, 거주기간에 영향을 미칠 것으로 예상되는 가구 및 주택 관련 특성을 중심으로 설정하였다(<표 Ⅳ-1> 참조). 가구특성은 가구주의 성별, 연령, 교육수준, 가구 구성과 관련한 가구원 수, 고교생 이하 자녀 존재 유무, 그리고 가구의 경제적 측면인 월평균 근로소득과 보유자산 등 가구의 사회·경제적 속성은 가구 구성원 변화 이후 기존 주택에서 거주를 지속하는 데 미치는 영향을 확인하기 위해 선정되었다. 주택특성은 주택의 종류와 면적, 주택에 대한 점유형태, 그리고 주택이 소재한 지역 등을 설정하였으며, 이는 기존에 거주하고 있는 주택과 관련한 특성이 거주 유지에 미치는 영향을 검토하기 위한 것이다.

<표 Ⅳ-1> 독립변수 설정

구분		변수	비고
가구특성	가구주	성별	남*, 여
		연령	세(歲)
		교육수준	고졸 이하*, 대재 이상
	가구 구성	가구원 수	인(人)
		고교생 이하 자녀	무*, 유
	가계경제	연평균 근로소득	백만 원
		보유자산	억 원
주택특성		종류	아파트*, 비아파트
		면적	m^2
		점유형태	자가*, 임차
		소재지 구분	서울*, 비서울

* 참조변수: 더미(dummy)로 처리한 변수에서의 기준 범주

4) 실증 분석 결과

① 기초통계량 분석

2000년부터 2008년까지의 한국노동패널에서 가구 구성원의 변화가 발생한 가구 중, 이상치(outlier)를 제외하고 최종으로 도출한 실증분석 적용 자료의 개수는 1,808개이다. 이에 대한 기초통계량의 분석 결과는 <표 Ⅳ-2, 3, 4>와 같다.

<표 Ⅳ-2> 기초통계량(전체)

구분		변수		빈도	비율(%)	최솟값	최댓값	평균	표준편차
종속변수		거주기간(개월)		−	−	0	109	24.75	24.09
가구 특성	가구주	성별	남	1,420	78.5	−	−	−	−
			여	388	21.5	−	−	−	−
		연령(세)		−	−	18	89	47.10	14.89
		교육수준	고졸 이하	1,137	62.9	−	−	−	−
			대재 이상	671	37.1	−	−	−	−
	가구 구성	가구원 수(인)		−	−	1	10	3.22	1.217
		고교생 이하 자녀	무	966	53.4	−	−	−	−
			유	842	46.6	−	−	−	−
	가계 경제	연평균 근로소득(백만 원)		−	−	0	360	27.53	22.68
		보유자산(억 원)		−	−	0.00	30.20	0.58	1.68
주택특성		종류	아파트	785	43.4	−	−	−	−
			비아파트	1,023	56.6	−	−	−	−
		면적(m²)		−	−	13.22	495.87	89.58	53.61
		점유형태	자가	995	55.0	−	−	−	−
			임차	813	45.0	−	−	−	−
		소재지 구분	서울	809	44.7	−	−	−	−
			비서울	999	55.3	−	−	−	−

<표 Ⅳ-3> 기초통계량(가구 구성원 변화-증가)

구분		변수		빈도	비율(%)	최솟값	최댓값	평균	표준편차
종속변수		거주기간(개월)		−	−	0	109	20.41	21.00
가구 특성	가구주	성별	남	709	79.6	−	−	−	−
			여	182	20.4	−	−	−	−
		연령(세)		−	−	22	88	37.70	11.52
		교육수준	고졸 이하	406	45.6	−	−	−	−
			대재 이상	485	54.4	−	−	−	−
	가구 구성	가구원 수(인)		−	−	2	10	3.60	1.13
		고교생 이하 자녀	무	228	25.6	−	−	−	−
			유	663	74.4	−	−	−	−
	가계 경제	연평균 근로소득(백만 원)		−	−	0	360	29.81	21.95
		보유자산(억 원)		−	−	0.00	13.50	0.43	1.19

		빈도	비율(%)	최솟값	최댓값	평균	표준편차
주택특성	종류 아파트	482	54.1	–	–	–	–
	비아파트	409	45.9	–	–	–	–
	면적(m²)	–	–	13.22	396.69	80.65	36.71
	점유형태 자가	366	41.1	–	–	–	–
	임차	525	58.9	–	–	–	–
	소재지 구분 서울	373	41.9	–	–	–	–
	비서울	518	58.1	–	–	–	–

<표 Ⅳ-4> 기초통계량(가구 구성원 변화-감소)

구분	변수		빈도	비율(%)	최솟값	최댓값	평균	표준편차
종속변수	거주기간(개월)		–	–	0	105	28.96	26.08
가구특성	가구주	성별 남	711	77.5	–	–	–	–
		여	206	22.5	–	–	–	–
		연령(세)	–	–	18	89	56.23	11.77
		교육수준 고졸 이하	731	79.7	–	–	–	–
		대재 이상	186	20.3	–	–	–	–
	가구구성	가구원 수(인)	–	–	1	8	2.85	1.18
		고교생 이하 자녀 무	738	80.5	–	–	–	–
		유	179	19.5	–	–	–	–
	가계경제	연평균 근로소득(백만 원)	–	–	0	226	25.31	23.17
		보유자산(억 원)	–	–	0	30.20	0.72	2.04
주택특성	종류	아파트	303	33.0	–	–	–	–
		비아파트	614	67.0	–	–	–	–
	면적(m²)		–	–	13.22	495.87	98.26	64.87
	점유형태	자가	629	68.6	–	–	–	–
		임차	288	31.4	–	–	–	–
	소재지 구분	서울	436	47.5	–	–	–	–
		비서울	481	52.5	–	–	–	–

    2010년 인구총조사의 표본 집계결과(주거실태 부문)에서, 일반가구의 평균 주택 거주기간은 서울시 6.3년, 인천시 6.5년, 그리고 경

기도가 6.0년이지만(통계청, 2011), 가구 구성원 변화 이후 주거이동을 할 때까지는 평균 24.75개월(2.1년)을 기존 주택에 거주하는 것으로 나타났다. 가구 구성원 변화 유형에 따라 구분하면, 가구 구성원 증가 시에 20.41개월, 가구 구성원 감소 시에 28.96개월로, 가구 구성원이 증가하는 경우에 상대적으로 빠르게 주거이동이 실행되는 것으로 나타났다.

가구특성 중 가구주 관련 사항에서, 성별은 남성 가구주가 약 80%, 여성 가구주가 약 20%였으며, 이는 가구 구성원 변화 유형별로 구분한 경우에도 크게 다르지 않았다. 가구주 연령은 평균 47.10세였고, 가구 구성원의 증가 경우에는 평균 37.70세, 가구 구성원 감소의 경우에는 평균 56.23세인 것으로 확인되었다. 전체 자료에서 교육수준은 고졸 이하가 62.9%였으나, 가구 구성원 증가 시에는 45.6%, 그리고 가구 구성원 감소 시에는 79.7%로 차이를 보였다.

가구 구성과 관련하여, 가구 구성원 변화 이후의 가구원 수 평균은 3.22명이었고, 가구 구성원이 증가한 경우에는 평균 3.60명, 가구 구성원 감소의 경우에는 평균 2.85명으로 나타났다. 고교생 이하 자녀가 있는 가구는 전체 중 46.6%, 가구 구성원 증가의 경우 74.4%, 그리고 가구 구성원 감소의 경우 19.5%였다. 이는 가구 구성원 증가 시의 출산, 가구 구성원 감소의 경우 가구 분리가 주요한 원인으로 작용하기 때문인 것으로 예상할 수 있다.

가계 경제 측면에서, 평균 근로소득은 27.53백만 원이었고, 가구 구성원이 증가한 경우가 감소한 경우에 비해 다소 높았다. 반면, 보유자산은 평균 0.58억 원이었으며, 근로소득과는 달리 가구 구성원 감소 시 증가에 비해 다소 많았다.

주택 관련 특성으로 언급된 주택 종류는 아파트가 전체의 43.4% 였으나, 가구 구성원 증가의 경우는 54.1%, 가구 구성원 감소의 경우는 33.0%를 나타냈다. 주택 면적은 전체 평균 89.58m^2, 가구 구성원 감소 가구가 증가 가구에 비해 다소 넓은 98.26m^{2}였다. 주택 점유형태는 전체적으로 자가와 임차가 55:45의 비율이었으나, 가구 구성원 증가에서는 41.1:58.9, 가구 구성원 감소에서는 68.6:31.4를 나타냈다. 주택이 소재한 지역은 조사가구 전체에서 서울이 44.7%였으며 가구 구성원이 감소한 경우가 47.5%로 증가한 경우에 비해 다소 많았다.

가구 구성원이 변화한 가구를 대상으로 그 이후 최초의 주거이동과 주거이동까지 소요된 기간에 영향을 미치는 요인을 분석하기 위해 Cox 비례위험모형을 적용한 분석 결과는 <표 IV-5>와 같다. 실증분석 결과는 가구 구성원이 변화한 전체 가구, 그리고 가구 구성원 변화 유형에 대한 분석으로 구분할 수 있다. 실증분석의 종속변수는 가구 구성원 변화 이후의 주거이동 여부와 거주기간으로, 이는 독립변수에 따른 특정 시점에서의 주거이동 수행 확률로 해석할 수 있다. 따라서 독립변수의 β 가 양(+)의 값인 경우는 주거이동 확률의 증가, 즉 거주기간이 감소할 가능성이 높음을 의미하고, 음(-)의 값은 이와 반대 상황을 나타낸다.

<표 Ⅳ-5> 가구 구성원 변화가 거주기간에 미치는 영향요인 분석 결과

독립변수	사건발생(794) / 중도절단(1,014)			
	β	Wald	p−value	Exp(β)
가구주 성별	−.082	.819	.365	.921
가구주 연령	−.021	33.389	.000 ***	.979
가구주 교육수준	.001	.000	.992	1.001
가구원 수	−.055	1.896	.168	.946
고교생 이하 자녀	−.062	.348	.555	.940
연평균 근로소득	−.001	.245	.621	.999
보유자산	.004	.016	.899	1.004
주택종류	−.200	6.215	.013 **	.818
주택면적	−.001	2.099	.147	.999
주택 점유형태	1.057	145.255	.000 ***	2.877
소재지	.036	.233	.629	1.037
−2Log 우도 공변량 미포함	10980.729			
−2Log 우도 공변량 포함	10609.198			
χ²(유의확률)	371.531(.000)			

독립변수	가구 구성원 증가 사건발생(481)/중도절단(410)				가구 구성원 감소 사건발생(313)/중도절단(604)			
	β	Wald	p−value	Exp(β)	β	Wald	p−value	Exp(β)
가구주 성별	−.090	.600	.439	.914	−.100	.440	.507	.905
가구주 연령	−.016	7.282	.007 ***	.985	−.018	12.507	.000***	.982
가구주 교육수준	.009	.006	.937	1.009	.015	.009	.922	1.015
가구원 수	−.157	6.783	.009 ***	.855	−.078	1.490	.222	.925
고교생 이하 자녀	−.300	5.215	.022 **	.741	.366	4.913	.027**	1.442
연평균 근로소득	−.004	1.915	.166	.996	.003	.777	.378	1.003
보유자산	−.004	.009	.924	.996	.016	.200	.655	1.016
주택종류	−.010	.009	.926	.990	−.419	10.642	.001***	.657
주택면적	.001	.315	.575	1.001	−.002	1.959	.162	.998
주택 점유형태	.780	44.923	.000 ***	2.181	1.336	100.494	.000***	3.805
소재지	−.038	.152	.696	.963	.136	1.360	.244	1.146
−2Log 우도 공변량 미포함	10980.729				3918.780			
−2Log 우도 공변량 포함	10609.198				3724.310			
χ²(유의확률)	371.531(.000)				194.470(.000)			

* p−value<0.1, ** p−value<0.05, *** p−value<0.01

A. 가구 구성원 변화 전체 가구

가구 구성원이 변화한 가구 전체를 대상으로 한 Cox 비례위험모형의 분석 결과에서, 공변량을 포함하지 않은 $-2Log$ 우도(10980.729)와 공변량을 포함한 $-2Log$ 우도(10609.198)의 차이에 대하여 x^2 검정을 시행한 결과(유의확률<0.01), 독립변수가 종속변수를 설명하는 데 유의미한 영향력이 있음을 보여준다.

실증분석 결과, 가구 구성원 변화 이후의 주거이동 확률에 영향을 미치는 변수는 가구주 연령, 주택종류, 그리고 주택 점유형태인 것으로 확인되었다. 그러나 기존 선행연구에서 동일 주택에서의 총 거주기간에 영향을 미치는 것으로 나타난 가구주 관련 특성인 학력, 가구원 수, 가계의 경제적 상황과 관련한 가구소득, 그리고 주택규모 등[21]은 유의하지 않은 변수로 확인되었다. 특히, 가구 구성원 변화에 따른 거주기간 변화에 영향을 미칠 것으로 예상하였던 가계경제 관련 변수(근로소득, 보유자산)와 주택규모는 유의한 영향 요인이 아닌 것으로 분석되었다. 이는 가구 구성원 변화에 따른 주거이동에 미치는 요인이 변화를 전제하지 않은 경우의 주택 거주기간 관련 영향 요인과 상이함을 의미한다.

유의한 변수 중, 가구주 연령은 거주기간 관련 선행연구에서도 확인되었던 요인으로, 일반적으로 가구주 연령 증가에 따라 이동성 감소 현상이 나타나는 것으로 알려져 있다. 실증분석 결과에서도 가구 구성원 변화 이후의 주거이동에 있어 가구주 연령이 한 단위 증가할

---

21) 최미라·박강철, 1996, 앞의 논문.
   최열·임하경, 2005a, "Poisson Regression을 이용한 주거정주의 결정요인 분석", 제46권, 국토연구원, 경기 안양, 99 – 114쪽.
   최은선·남진, 2011, 앞의 논문.

때 주거이동 확률의 0.979배 감소, 즉 거주기간 증가 확률이 높아지는 것으로 나타났다.

주택종류는 아파트에 비해 비아파트일수록 주거이동 확률이 감소(0.818배)하는 것으로 확인되었다. 이는 최열·임하경(2005a)의 거주기간에 대한 연구에서 언급된 바와 같이, 주택에 대한 '정주' 개념이 비아파트보다 아파트에서 다소 약하다는 결과와 일치한다. 또한, 아파트 비중이 높은 수도권에서 가구 구성원 변화로 인해 주거이동이 활발하게 나타날 수 있음을 의미한다.

주택의 점유형태 측면에 대한 분석 결과 역시, 다수의 선행연구에서 확인된 결과와 동일하다. 실증분석 결과는 자가에 비해 임차인 경우에 주거이동 확률이 2.877배 높았다. 이는 점유형태가 임차인 경우에 존재하는 특정 계약기간이 중요한 요인으로 작용하기 때문인 것으로 판단된다.

B. 가구 구성원 증가 가구

가구 구성원 증가 모형에 대한 유의성 검증 결과에서, 공변량을 미포함했을 경우의 −2Log 우도(5913.195)와 공변량 포함 시의 −2Log 우도(5776.676)를 토대로 x^2 검정을 수행한 결과, 유의수준 0.01에서 유의한 것으로 나타났다. 그리고 가구 구성원 증가 모형에서는 가구주 연령, 가구원 수, 고교생 이하 자녀 여부, 그리고 주택 점유형태가 유의한 변수로 확인되었다.

가구주 연령과 주택 점유형태는 가구 구성원 변화 가구 전체를 대상으로 한 모형에서와 동일한 해석이 가능한 반면, 주택종류에 대한 변수는 유의하지 않은 것으로 나타났다. 이는 가구 구성원 증가의 경우 기존 주택의 종류에 상관없이 주거 서비스에 대한 주거조정을 위한 주거이동이 나타남을 의미한다.

가구원 수는 기존 선행연구에서 동일 주택에서의 총 거주기간에 영향을 미치는 요인으로 언급된 변수로,[22] 가구원 수가 한 단위 증가하면 주거이동 확률이 0.855배로 감소하는 것으로 확인되었다. 이는 주거이동이 가구 구성원 개개인의 의사를 종합적으로 고려해야 하는 의사결정과정이고 가구원 수가 많은 경우에는 가구원 증가에 따른 인당 주거소비 면적 감소가 상대적으로 작기 때문에, 주거이동을 통한 적극적인 주거조정을 실행하지 않는 것으로 판단된다. 그리고 고교생 이하 자녀의 유무는 참조범주인 고교생 이하 자녀가 없는 경우에 비해, 있는 경우가 주거이동 확률을 낮추는 것(0.741배)으로 나타났다. 우리나라 도시가구의 경우, 주택의 수요와 주거이동 및 주거조정이 자녀의 양육과 교육, 그리고 자녀의 타 지역 유학 혹은 군입대, 출가 등 변화가 나타나는 시점과 관련하여 발생하기 때문이다.[23] 그리고 이와 같은 결과는 학령기 자녀의 존재가 특정 이웃들과의 인간관계를 증가시키고 그로 인해 주거이동을 감소시켜, 자녀가 없는 가구가 자녀가 있는 가구에 비해 주거이동이 자유롭다는 선행연구의 주장과 일치한다.[24] 이는 가구원이 증가할지라도 학령기 자녀가 급속한 환경의 변화를 경험치 않도록 하기 위한 것으로 판단할 수 있다.

---

22) 최열·임하경, 2005a, 앞의 논문.

23) 하성규, 2006, 앞의 책.

24) Chevan, A., 1971, op. cit.
Long, L. H., 1972, "The Influence of Number and Ages of Children on Residential Mobility", *Demography*, Vol.19, No.3, pp.371-382.
Speare, A. Jr., 1974, op. cit.

C. 가구 구성원 감소 가구

가구 구성원 감소 모형 역시, 공변량 미포함 시의 −2Log 우도(3918.780)와 공변량을 포함한 경우의 −2Log 우도(3724.310) 산출값을 통해 x^2 검정 수행 결과, 유의수준 0.01에서 유의하였다. 가구 구성원 감소 모형에서 유의한 변수로 도출된 요인은 가구주 연령, 고교생 이하 자녀 존재 유무, 주택종류, 그리고 주택 점유형태이다.

유의한 것으로 확인된 변수 중, 가구주 연령, 주택종류, 그리고 주택 점유형태가 주거이동 및 거주기간에 미치는 영향은 가구 구성원 변화 가구 전체에 대한 모형과 동일한 패턴을 나타냈다. 그러나 전체 가구에 대한 분석 결과에 비해, 주택종류(아파트 거주가구에 비해 비아파트 거주가구인 경우에 0.657배)와 주택 점유형태(자가가구에 비해 임차가구인 경우에 3.805배)는 영향력이 상대적으로 큰 것으로 확인되었다.

가구 구성원 감소 모형에서 특징적인 변수는 고교생 이하 자녀의 존재 유무이다. 가구 구성원이 감소한 경우, 고교생 이하 자녀가 있는 가구는 고교생 이하 자녀가 없는 가구에 비해 1.442배 주거이동 확률이 큰 것으로 나타났다. 이는 기존 선행연구 및 가구 구성원 증가 모형과는 상이한 결과이다. 이와 관련한 원인으로는 가구원의 사망, 이혼 등 가구원 감소 사유로부터 자녀들이 받을 수 있는 충격을 완화하기 위해 상대적으로 조기에 주거이동을 수행하는 것으로 추정된다. 따라서 가구 구성원 감소와 관련한 생애주기 단계의 변화는 일반적으로 인식되고 있는 가구의 주거이동 패턴에 변화를 가져올 수 있을 것으로 예상된다.

2. 토지이용 – 교통 상호작용 기반의 주거입지 선택

1) 개요

　20세기 후반, 우리나라에서 발생한 급속한 도시화 현상은 심각한 주택부족 문제를 초래하였다. 이를 해결하기 위해, 정부는 대량의 공급을 통한 주택의 양적 확보를 정책목표로 설정하였고, 이를 달성하기 위한 다양한 정책수단을 적용한 결과 주택의 양적 부족문제는 어느 정도 해소된 것으로 확인되고 있다.[25] 그러나 이러한 대규모 주택 공급은 주택시장에서 미분양 아파트를 증가시키는 원인으로 작용하였다. 또한, 주택 소비자의 관심 역시 주택 소유 자체에 대한 관심으로부터 주거환경의 질적인 측면으로까지 점차 변화하고 있다.[26] 결과적으로, 최근에는 공급 위주의 주택시장에서 수요 중심의 주택시장으로의 변화라는 구조적 전환에 대한 논쟁이 진행되고 있다.

　반면에, 주거이동과 주거입지 선택의 기초 단위인 가구[27]의 특성에 구조적인 변화가 진행 중에 있다. 대표적인 변화 양상 중 하나는 가구원 수의 감소이다. 이러한 현상은 초혼 연령의 증가, 낮은 출산율, 그리고 개인주의적 생활양식과 개성의 존중 등 새로운 가치관의 확산이라는 인구·사회학적 요인에 의한 것이다.[28] 2010 인구총조사 결과, 1인 가구의 비율은 2000년 15.5%에서 2005년에 20.0%, 그

---

25) 이창효 외, 2009, 앞의 논문.
26) 최막중·임영진, 2001, 앞의 논문.
27) Rossi, P. H;, 1955, op. cit.
28) 이창효·이승일, 2010, 앞의 논문.

리고 2010년에 23.9%에 이를 정도로 급속히 증가하고 있으며, 이러한 현상은 20대 후반과 30대 초반뿐만 아니라 노년층에서도 동일하게 나타나고 있다.

전 세계적인 도시화 현상은 주거입지에 대한 예측을 현대 사회과학에서의 가장 도전적인 분야 중 하나로 등장시켰다.[29] 앞서 언급한 우리나라 주택시장의 구조적 변화 역시 장기적인 주거입지 패턴에 대한 예측의 필요성을 증가시키고 있다. 도시에서는 다양한 요소들이 상호작용하기 때문에,[30] 장기적인 주거입지 변화 패턴의 예측은 종합적인 관점의 접근방식을 요구한다. 이러한 관점에서, 많은 연구자들은 토지이용－교통 상호작용에 기초하여, 도시공간과 활동에 대한 변화 패턴의 예측을 시도하고 있다. 이 실증분석에서는 주거입지 선택과 관련한 이론 및 선행연구를 검토하고, 장기적 주거입지 선택에 영향을 미치는 요인에 대한 실증분석을 수행하였다.

2) 관련 이론 및 선행연구

도시 내 이주는 소득수준, 가구의 구성원 및 선호도, 그리고 주택시장 자체의 특성과 같은 다양한 내·외적 요인에 의해 발생한다. 주거입지 변화는 하나의 주택 또는 입지가 가구의 수요와 요구를 더 잘 만족시키기 위해 다른 것에 의해 대체되는 조정과정으로 볼 수 있으며,[31] 주거입지 변화는 새로운 주거입지의 탐색을 결정하는 단

---

29) Pagliara, F. and Wilson, A., 2010, op. cit.

30) Wegener, M., 1994, op. cit.
    Pagliara, F. and Wilson, A., 2010, op. cit.

31) Brown, L. A. and Moore, E. G., 1970, op. cit.

계와 새로운 주택과 그 입지의 탐색 및 선택의 두 단계로 구분할 수 있다.[32] 주거이동은 가구의 내·외부적 상황과 현 주거입지의 특성 등 다양한 요인에 의해 영향을 받는다. 또한, 새로운 주택과 그 입지의 선택은 현재 입지에 대한 부정적 요소 또는 불만족에 대한 결과물일 뿐만 아니라, 대안적 입지의 긍정적 요소에 의해서도 영향을 받는다.[33]

일반적으로, 생애주기모형은 가구의 주거이동과 관련한 가장 널리 알려진 가설 중 하나이다. Rossi(1955)는 주거이동이 가구 생애주기(예: 혼인 여부, 출산과 육아, 이혼, 그리고 가구에서의 다양한 변화)의 변화로 인한 가구 구성원 수의 변화와 그러한 변화에 수반하는 주거 조정으로 이루어지는 것임을 확인하였다. 따라서 생애주기 단계와 주거이동 사이의 관계는 가구 구성원 수의 변화에 따른 주거소비의 변화로 인식될 수 있으며, 그로 인하여 생애주기의 주요 시점에서 가구의 주거이동성이 높아지는 것으로 알려져 있다.[34] 생애

정일호 외, 2010, 앞의 책.
천현숙, 2004, 앞의 논문.

32) Knox, P. and Pinch, S., op. cit.

33) Moore, E. G., 1972, op. cit.
Varady, D. P., 1980, op. cit.
Woo, M. and Moorrow-Jones, H. A., 2011, "Main factors associated with homeowners' intentions to move", *International Journal of Urban Sciences*, Vol.15, No.3, pp.161-186.
양재섭·김상일, 2007, 앞의 책.

34) Brown, L. A. and Moore, E. G., 1970, op. cit.
Chevan, A., 1971, op. cit.
Moore, E. G., 1972, op. cit.
Pickavance, C. G., 1973, op. cit.
Short, J. R., 1978, op. cit.
Varady, D. P., 1980, op. cit.
곽인숙·김순미, 1996, 앞의 논문.
김태현, 2008, 앞의 논문.
이창효·이승일, 2012, 앞의 논문.
조재순, 1992, 앞의 논문.

주기의 변화 이외에도, 사회·경제적 지위, 주택 점유형태, 주택에 대한 만족도, 그리고 근린에 대한 만족도 역시 도시 내 주거이동의 주요한 원인이 된다.[35] 더불어, 기성시가지에서의 정비사업과 신규 주택 공급을 포함한 중앙정부와 지방정부의 계획과 정책도 주거이동을 유발하게 된다.[36]

　반면에, 주거입지 선택은 주택 자체와 주택을 둘러싼 근린지역에 의해 영향을 받는다.[37] 주거입지 선택 과정에서의 의사결정은 주택의 이용 가능성, 주택 유형, 주택의 질적 수준, 근린의 특성, 그리고 통근, 업무, 쇼핑, 여가 등 다양한 활동에 대한 접근성 등 여러 요소들 사이의 관계가 고려된다. 그리고 그러한 의사결정 기제는 사회·경제적 지위, 가구 구성원, 그리고 입지적 선호에 의해 달리 나타난다.[38] 그중에서도 장기적인 주거입지 변화에 대한 주요 영향요인 중 하나는 접근도이다.[39] 접근도는 교통수단 또는 시설의 편리성 또는는

---

35) Rossi, P. H., 1995, op. cit.
　　Brown, L. A. and Moore, E. G., 1970, op. cit.
　　Moore, E. G., 1972, op. cit.
　　Pickavance, C. G., 1973, op. cit.
　　Varady, D. P., 1980, op. cit.
　　김윤기, 1988, 앞의 논문.
　　한대현, 1986, 앞의 논문.

36) Moore, E. G., 1972, op. cit.
　　하성규, 2006, 앞의 책.

37) Brown, L. A. and Moore, E. G., 1970, op. cit.
　　Pagliara, F. and Simmonds, D., 2010, op. cit.

38) Brown, L. A. and Longbrake, D. B., 1970, op. cit.
　　Eliasson, J., 2010, op. cit.
　　Hunt, J. D., 2010, op. cit.
　　Simmonds, D., 2010, op. cit.
　　Waddell, P., 2010, op. cit.
　　최막중·임영진, 2001, 앞의 논문.
　　정일호 외, 2010, 앞의 책.

39) Pagliara, F. and Simmonds, D., 2010, op. cit.

이용 가능성과 달리 입지적 매력도 또는 잠재력을 의미한다. 접근도는 도시공간과 활동의 장기적 예측과 관련한 대표적인 지표 중 하나이며, 사람들이 그들의 입지와 어떻게 상호작용하는지를 나타낸다. 접근도는 활용 목적에 따라 다양한 방식으로 정의·산출될 수 있다. Hansen(1959)은 접근도를 잠재적 기회로 개념화하였고 공간적 상호작용에 토대를 두어 산출하였다. 또한, Wilson(1970)은 잠정적 효용 또는 이익으로 접근도를 정의하였고 이를 산출함에 있어 토지이용과 교통체계의 관계를 고려하였다.

기존의 여러 선행연구에서 주거입지 변화의 영향요인에 대한 다양한 분석이 수행되었다. 앞서 언급한 바와 같이, 실증분석에서는 그동안 국내의 연구에서에서 관심을 기울이지 않았던 주거입지의 장기적 변화에 초점을 맞추었다. 따라서 실증분석은 공급 주도형 주택시장이 수요 주도형으로 전환되고 있는 구조적 변화 양상과 선진국에서의 주거입지 선택 특성이 한국 주택시장에서 어떻게 영향을 미치는지 확인하는 것에 목적을 두고 있다. 이를 위하여, 가구의 유형을 생애주기 단계에 따라 구분하였고, 가구유형별로 우리나라 주택시장에서의 장기적 주거입지에 영향을 주는 요인에 대하여 분석하였다.

3) 분석방법론

① 분석범위와 활용자료

분석의 시간적 범위는 2005년이며,[40] 공간적 범위는 서울, 인천, 경기를 포함하는 수도권이다. 분석의 단위는 2005년 기준의 수도권의 79개 시·군·구이다.

<표 Ⅳ-6> 주거입지 선택에 대한 실증분석 관련 변수와 활용자료

구분	변수	단위	내용	자료출처	비고
독립 변수	접근도	-	통행목적별 접근도 총합	자료구축	2005년
	주택허가량	m²	전년도 주택 허가량	통계연보	2005년
	주택 매매가격	만 원/m²	단위면적당 주택 매매가격	한국노동패널	2005년
	주택 전세가격	만 원/m²	단위면적당 주택 전세가격	한국노동패널	2005년
	주택 월세임대료	만 원/m²	단위면적당 주택 월세임대료	한국노동패널	2005년
종속 변수	주거지 선택비율	-	1년 이내 i지역 입지 가구 수/ 1년 이내 수도권 입지 가구 수	인구총조사	2005년

실증분석에 활용한 변수와 활용자료 및 출처는 <표 Ⅳ-6>과 같
다. 분석모형에 적용하는 독립변수는 경제적 측면과 관련한 주택의
매매가격, 전세가격, 월세임대료, 입지 잠재력 또는 매력도 측면에서
의 접근도, 주택 공급 측면에서의 주택허가량이다. 그리고 접근도는
통근/통학/쇼핑 관련 입지 매력도가 반영되어 있으며, 전·월세 가격
은 가구의 자산축적 효과와 주거환경의 질적 수준을 대체하는 변수
이다.

접근도는 교통부문과 관련된 자료로부터 도출되는 결과물이다.
따라서 교통수요 예측모형 구동을 위해, <표 Ⅳ-7>과 같은 자료
를 활용하여 [그림 Ⅳ-2]와 같이 GIS 기반의 교통 네트워크를 구축
하였다.

---

40) 국내 주택시장에 영향을 미친 2008년의 금융위기로 인한 효과를 제거하기 위함임.

<표 IV-7> GIS 기반의 교통 네트워크 구축 활용자료

구분		내용	자료출처	비고
도로 네트워크	링크, 노드	레벨 3 자료 활용	국가교통DB 교통주제도	2006년
철도 네트워크	링크, 노드	–	국가교통DB 교통주제도	2009년
	역, 노선	노선, 역 현황	자료구축	2005년
교통존		서울(행정동), 인천·경기(시·군·구)	국가교통DB 교통주제도	2006년

[그림 IV-2] 수도권 교통 네트워크

도로 네트워크는 2006년의 링크와 노드 자료를 기초로 도로통행비용
함수(VDF; Volume Delay Function)[41]의 적용을 위해 링크를 16개 유형

으로 재구성하였고, 철도 네트워크는 2009년의 철도 링크와 노드 자료를 기반으로 2005년 현황에 대한 철도 노선 및 역 정보를 입력하였다.[42]

주거입지 선택 단계에 대한 실증분석 대상은 수도권에 1년 이내에 주거입지를 한 가구로 한정하였다. 이 가구들은 실증분석의 시간적 범위와 근접한 시기에 주거입지를 변경한 가구들로, 분석 대상을 한정함으로써 분석 시점 1년 이내에 주거이동을 실행한 가구들의 주거입지 선택 경향을 파악하였다.[43]

② 분석 방법론

토지이용-교통 상호작용에서 접근도는 대상지역의 입지 매력도 또는 잠재력을 나타내는 지표로, 장기적인 예측에 있어 중요한 역할을 수행한다. 접근도 산출 방법은 다음과 같다.

$$A_i^o = \ln\left[\frac{\sum_j W_j^o \cdot \left\{\alpha(c_{ij}^\beta) \cdot \exp(\gamma c_{ij})\right\}}{\sum_j W_{(first\ year)j}^o}\right]$$

단, A_i^o: 통행목적 o의 i존 접근도

　　W_j^o: 통행목적 o에 대한 j존의 가중치(활동함수 관련)

　　c_{ij}: i존과 j존 사이의 통행비용(저항함수 관련)

　　$\alpha,\ \beta,\ \gamma$: 파라미터

---

41) 국가교통DB센터, 2008, 2008년 전국 지역 간 OD 및 네트워크 설명자료, 한국교통연구원, 경기 고양.

42) 철도 네트워크는 이후에 본 연구에서 진행한 장래 주거입지 변화 예측에 적용하기 위해 2009년 기준의 네트워크를 구축하였으며, 실증분석에서는 2005년의 노선 정보만을 적용하였음. 교통 네트워크 구축에 있어, 대중교통 중 버스 네트워크는 관련 자료 구득의 어려움으로 인해 포함하지 않았음.

43) 주거입지 선택에 대한 실증분석과 관련하여, 프랑스 파리 대도시권(Ill-de-France)을 대상으로 실증분석한 de Palma, A., et al.(2005, 2007)의 연구에서도 실증분석 기준시점의 1년 이내 최근 이주가구를 대상으로 설정함.

접근도 산출을 위한 가중치 변수와 모수는 <표 Ⅳ-8>과 같다. 통행목적별 α, β, γ 등의 모수는 수도권교통본부(2009)의 연구결과를 적용하였다.[44)

<표 Ⅳ-8> 접근도 산출 관련 가중치 변수와 모수

통행목적(o)	가중치-기점(W_j^o)	가중치-종점(W_j^o)	α	β	γ
통근	근로자 수	고용자 수	0.364	0.528	−0.111
통학/교육	더미(1.1)	교육, 연구 연면적	0.997	0.296	−0.196
쇼핑	인구 수	도소매 연면적	1.176	0.513	−0.253
기타	인구 수	고용자 수	0.607	0.914	−0.261
물류	고용자 수	고용자 수	0.607	0.914	−0.261

로지스틱 회귀분석은 변수의 값이 이원화되어 있는 종속변수와 독립변수의 관계를 분석하기 위해 종속변수를 자연로그(natural log)로 전환하여 회귀분석을 수행하는 것으로, 다음과 같은 수식으로 표현할 수 있다.

$$Y_k = \ln\{p/(1-p)\}$$
$$\ln\{p/(1-p)\} = a + bX_k$$

단, p: 확률, Y_k: 종속변수, X_k: 독립변수

   $\ln\{p/(1-p)\}$: 로짓으로 전환된 종속변수

   a: 절편, b: 기울기

이와 같이 로지스틱 회귀 방정식에서는 종속변수에 0이나 1을 사용하지 않고, 0이나 1을 기초로 계산된 확률을 이용하여 자연로그

---

44) 수도권교통본부, 2009, 수도권 장래교통 수요예측 및 대응방안 연구, 서울.

수치를 계산함으로써 종속변수의 최종적 분석자료로 사용한다는 특징이 있다. 확률 계산에는 두 가지 방법이 있으며, 하나는 자료의 종속변수의 형태를 반응(response)이 아닌 사건(event)/시행(trial) 형태로 그룹으로 묶어 계산하는 방법이고, 다른 하나는 최대 우도함수를 사용하는 계산방법이다.[45]

주거입지 선택에 대한 실증분석에서는 그룹으로 묶어 계산하는 방법을 활용하였다. 즉 주거입지를 '선택함', '선택하지 않음'의 이항반응 범주 형태로 가정하여, 79개 시군구에 대한 종속변수와 관련하여 '거주지 선택비율(p)'을 '1년 이내 i지역 입지 가구 수 / 1년 이내 수도권 전체 입지 가구 수'로 연산하여 로지스틱 회귀분석을 실행하였다.

4) 분석 결과

① 접근도

[그림 Ⅳ-3]은 통행목적별로 기점 기준의 통행목적별 접근도를 산출하여 10분위로 표현한 결과로, 어두운 지역일수록 접근도가 높은 지역을 나타낸다. 서울의 경우, 구축된 교통 네트워크 자료가 행정동 단위로 설정되어 있기 때문에, 행정동 단위로 산출된 통행목적별 접근도를 시·군·구 단위의 평균값으로 재산정하였다.

산출된 기점 기준의 접근도는 통행목적에 따라 지역별로 차이가 나타났다. 통근목적의 접근도는 수도권의 고용중심지와 인접지역에서 높게 나타났으며, 통학/교육목적의 접근도는 서울 외곽의 주거지

---

45) 허만형, 1994, "로짓 회귀 분석의 논리와 사용 방법", 정책분석평가학회보, 제4권, 제1호, 한국 정책분석평가학회, 서울, 282-284쪽.

역과 관련성이 더 높은 것으로 확인되었다. 쇼핑목적의 접근도는 서울을 포함한 인근 주거지역의 분포와 높은 연관성을 보였다.

주거입지 선택과 관련하여 로지스틱 회귀분석에 활용할 최종 접근도는 [그림 Ⅳ-4]와 같다. 주거입지 선택 모형에 적용할 접근도는 기점 기준의 통근, 통학/교육, 쇼핑 목적의 접근도 총합이다. 수도권 전체적으로 서울 및 강남 인접 시·군·구 지역에서 가장 높은 접근도를 나타내고 있으며, 한강을 중심으로 멀어질수록 접근도가 낮아짐을 확인할 수 있다. 또한, 서울에서도 강북지역보다 강남을 중심으로 한 남부지역의 접근도가 더 높으며, 경부축에서 상대적으로 높은 접근도가 산출됨을 확인하였다.

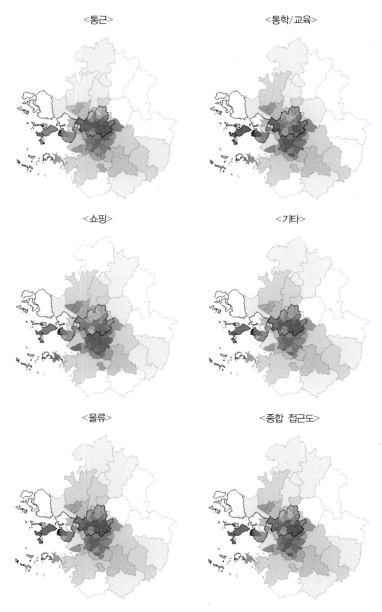

<통근> <통학/교육>

<쇼핑> <기타>

<물류> <종합 접근도>

[그림 Ⅳ-3**] 통행목적별 접근도 산출 결과(기점 기준)**

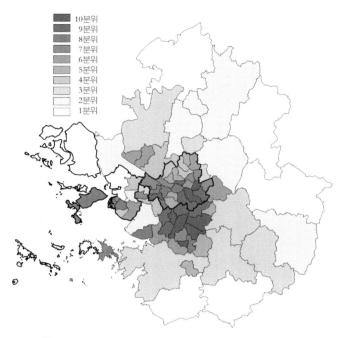

10분위
9분위
8분위
7분위
6분위
5분위
4분위
3분위
2분위
1분위

[그림 IV-4] 주거입지 선택 모형 적용 접근도(통근, 통학/교육, 쇼핑목적
접근도의 총합)

② 주거입지 선택: 로지스틱 회귀분석 결과

A. 가구유형별 주거입지 선택

주거입지 선택에 대한 실증분석에 이용되는 변수들의 관련 자료를
분석 단위인 시·군·구로 재정리하였다. 이를 기초로 가구유형별로
주거입지 선택에 대한 로지스틱 회귀분석을 수행한 결과는 <표 IV
-9>와 같다. 주거입지 선택의 영향요인 중 하나인 접근도는 다양한
목적의 접근도가 적용될 수 있으나, 분석의 논리성과 모형 설명력을
고려하여 통근, 통학/교육, 쇼핑에 한정한 접근도를 적용하였다.

<표 Ⅳ-9> 가구유형별 주거입지 선택

구분	변수	추정계수	표준화계수	t	Sig.	F-값	Adj. R²
전체	(상수)	−6.7815		−9.948	.000 ***	.000	.430
	접근도	0.0495	0.394	3.999	.000 ***		
	매매가격	−0.0019	−0.240	−2.064	.043 **		
	전세가격	0.0085	0.317	2.617	.011 **		
	월세임대료	0.3806	0.171	1.945	.056 *		
	ln(주택허가량)	0.1947	0.355	4.014	.000 ***		
YS	(상수)	−7.8577		−7.356	.000 ***	.000	.414
	접근도	0.0779	0.400	4.012	.000 ***		
	매매가격	−0.0025	−0.206	−1.751	.084 *		
	전세가격	0.0133	0.320	2.607	.011 **		
	월세임대료	0.4619	0.134	1.506	.136		
	ln(주택허가량)	0.2716	0.321	3.574	.001 ***		
OS	(상수)	−6.4052		−8.985	.000 ***	.000	.353
	접근도	0.0413	0.334	3.187	.002 ***		
	매매가격	−0.0026	−0.342	−2.764	.007 ***		
	전세가격	0.0110	0.414	3.212	.002 ***		
	월세임대료	0.3138	0.143	1.533	.130		
	ln(주택허가량)	0.1544	0.287	3.045	.003 ***		
RS	(상수)	−5.2284		−8.248	.000 ***	.009	.133
	접근도	0.0052	0.047	0.369	.713		
	매매가격	−0.0030	−0.523	−3.610	.001 ***		
	전세가격	0.0082	0.416	2.714	.008 ***		
	월세임대료	0.3104	0.191	1.747	.085 *		
	ln(주택허가량)	0.0467	0.114	1.034	.305		
YC	(상수)	−7.0344		−8.422	.000 ***	.000	.470
	접근도	0.0730	0.456	4.808	.000 ***		
	매매가격	−0.0026	−0.260	−2.319	.023 **		
	전세가격	0.0107	0.313	2.685	.009 ***		
	월세임대료	0.5550	0.196	2.315	.023 **		
	ln(주택허가량)	0.2213	0.318	3.725	.000 ***		
OC	(상수)	−6.6202		−9.445	.000 ***	.000	.240
	접근도	0.0262	0.234	2.054	.044 **		
	매매가격	−0.0021	−0.299	−2.228	.029 **		

구분	변수	추정계수	표준화계수	t	Sig.	F-값	Adj. R²
OC	전세가격	0.0065	0.269	1.926	.058 *	.000	.240
	월세임대료	0.3762	0.190	1.870	.066 *		
	ln(주택허가량)	0.1730	0.354	3.469	.001 ***		
RC	(상수)	-5.7692		-7.563	.000 ***	.038	.088
	접근도	0.0224	0.201	1.617	.110		
	매매가격	-0.0009	-0.125	-0.852	.397		
	전세가격	0.0027	0.115	0.752	.454		
	월세임대료	0.4004	0.203	1.828	.072 *		
	ln(주택허가량)	0.0993	0.205	1.830	.071 *		
S+c	(상수)	-7.2024		-9.162	.000 ***	.000	.433
	접근도	0.0520	0.351	3.563	.001 ***		
	매매가격	-0.0040	-0.442	-3.782	.000 ***		
	전세가격	0.0129	0.416	3.371	.001 ***		
	월세임대료	0.4660	0.182	2.066	.042 **		
	ln(주택허가량)	0.2321	0.368	4.153	.000 ***		
C+c	(상수)	-6.9028		-9.115	.000 ***	.000	.363
	접근도	0.0493	0.373	3.581	.001 ***		
	매매가격	-0.0012	-0.141	-1.152	.253		
	전세가격	0.0061	0.215	1.678	.098 *		
	월세임대료	0.3225	0.138	1.484	.142		
	ln(주택허가량)	0.2103	0.365	3.904	.000 ***		
3A	(상수)	-6.0137		-5.842	.000 ***	.000	.239
	접근도	0.0317	0.232	1.955	.055 *		
	매매가격	0.0011	0.111	0.642	.523		
	전세가격	0.0067	0.229	1.301	.197		
	월세임대료	-0.1080	-0.044	-0.413	.681		
	ln(주택허가량)	0.1028	0.159	1.464	.148		
3A+c	(상수)	-7.0377		-9.877	.000 ***	.000	.215
	접근도	0.0115	0.084	0.696	.489		
	매매가격	-0.0010	-0.142	-1.031	.306		
	전세가격	0.0072	0.307	2.063	.043 **		
	월세임대료	0.4043	0.209	2.011	.048 **		
	ln(주택허가량)	0.1681	0.352	3.357	.001 ***		

***: Sig.<0.01, **: Sig.<0.05, *: Sig.<0.1

가구유형별 주거입지 선택에 대한 로지스틱 회귀분석 결과, 전체 가구를 대상으로 한 모형은 포함된 모든 변수가 유의하였으며, 모형의 설명력은 .430이다. 각 가구유형별 분석모형은 노년층 부부가구(RC)에 대한 분석모형을 제외하고 모두 1% 수준에서 유의하였고, 노년층 부부가구(RC)에 대한 분석모형 역시 5% 수준에서 유의하였다. 분석모형의 설명력은 분석모형별로 다르게 나타났으며, 청년층 부부가구(YC) 분석모형이 .470으로 가장 높고, 노년층 부부가구(RC)에 대한 분석모형이 .088로 가장 낮은 설명력을 보였다.

모형에 적용된 독립변수 중 접근도는 노년층 1인 가구(RS), 노년층 부부가구(RC), 그리고 3인 이상의 성인과 아동으로 구성된 가구(3A+c)를 제외하고 나머지 모든 분석모형에서 유의한 변수로 확인되었다. 또한, 노년층 부부가구(RC)를 제외한 모든 분석모형에서 접근도가 높은 지역을 주거입지로 선택할 확률이 높았으며, 접근도 변수는 각 분석모형에서 주거입지 선택에 상대적으로 높은 영향력을 갖는 것을 알 수 있다. 기존 선행연구에서는 교통 측면의 편리성[46] 또는 직장으로의 근접성[47]이 주거입지 선택에 영향을 미치는 것으로 설명하고 있으나, 실제와 유사한 교통 네트워크를 적용하여 해당 입지 매력도를 파악하지는 않았다.

단위면적당 주택가격에 대한 변수인 매매가격, 전세가격, 월세임대료 변수에 대해 검토하면, 매매가격은 노년층 부부가구(RC), 자녀가 있는 부부가구(C+c), 3인 이상의 성인가구(3A), 그리고 3인 이상

---

46) 최내영·고승미, 2003, 앞의 논문.
    최막중·임영진, 2001, 앞의 논문.
47) 위의 논문.
    한대현, 1986, 앞의 논문.

의 성인과 자녀로 구성된 가구(3A+c)를 제외한 나머지 분석모형에서 유의한 변수였으며, 매매가격이 낮은 지역일수록 높은 주거입지 선택 확률을 나타내 주거입지 선택에 있어 경제적 측면에서 합리적인 의사결정을 수행하였음을 알 수 있다. 이는 선행연구의 결과[48]와 일치하는 결과이며, 특정 지역에서의 높은 주택가격이 주거입지와 관련한 진입장벽으로 작용한다는 연구결과[49]와도 부합한다.

이와는 대조적으로 전세가격 변수는 전세가격이 유의한 분석모형에서 전세가격이 높은 지역일수록 선택 확률도 높은 것으로 나타났다. 이는 전세가격이 높은 지역일수록 주거환경이 양호한 지역일 가능성이 크며, 주거이동 가구는 이러한 지역을 주거입지로 선택할 확률이 높은 것으로 판단된다. 월세임대료는 노년층 1인 가구(RS), 부부가구(YC, OC, RC), 편부모 가구(S+c), 그리고 3인 이상 성인과 자녀로 구성된 가구(3A+c)에서 유의한 변수로 나타났으며, 전세가격과 마찬가지로 임대료가 높을수록 주거입지로 선택할 확률이 높게 나타났다.

주택허가량은 노년층 1인 가구(RS)와 3인 이상 성인가구(3A)를 제외한 모든 분석모형에서 유의한 변수로 확인되었다. 이는 (재)개발 등 물리적 변화, 즉 주택 공급에 따른 주거입지 수요의 발생을 설명할 수 있다.[50] 분석모형에서 주택허가량 변수의 상대적 중요도 역시 높은 것으로 나타났으며, 자녀가 있는 가구 또는 노년층을 제외한 청·장년층 가구들이 이러한 현상의 주요 수요자인 것으로 예상할

---

48) 신은진·안건혁, 2010, 앞의 논문.
　　최막중·임영진, 2001, 앞의 논문.
49) 최은영·조대헌, 2005, 앞의 논문.
50) 김태현, 2008,, 앞의 논문.

수 있다. 반면, 경제력이 낮은 노년층 1인 가구(RS)와 상대적으로 경제적 여유가 있을 수 있는 3인 이상의 성인가구(3A)의 경우 주택 공급에 크게 영향을 받지 않는 것을 알 수 있다.

B. 가구특성에 따른 주거입지 선택

가구규모, 동거아동 유무, 고령가구 여부, 성인가구원 수를 기준으로 가구유형을 재분류하여 가구특성별 주거입지 선택을 분석한 결과는 <표 Ⅳ-10, 11, 12, 13>과 같다. 모든 분석모형에서 접근도가 높을수록, 매매가격이 낮을수록, 전세가격과 월세임대료가 높을수록, 그리고 주택허가량이 많을수록 해당 주거입지의 선택 확률이 높아지는 것으로 나타났다.

3인 이상의 가구와 동거아동이 없는 가구에서 가격 관련 변수 중, 전세가격만이 유의수준 1%에서 유의한 변수로 확인되었다. 고령가구의 경우, 전세가격과 주택허가량이 유의하지 않은 변수로 나타났으며, 이는 고령가구가 주거환경의 쾌적성보다는 현재의 경제적 수준에 따라 주거입지를 선택한다는 것과 신규주택 공급에 영향을 받지 않음을 의미한다. 성인 3인 이상의 가구에서는 모든 주택가격 관련 변수가 유의하지 않았다. 이러한 가구는 소득원이 다양하고 자산과 소득이 많을 가능성이 커 주택가격에 민감하게 반응하지 않는 것으로 판단된다.

<표 Ⅳ-10> 가구특성에 따른 주거입지 선택(가구규모)

구분	변수	추정계수	표준화계수	t	Sig.	F-값	Adj. R²
2인 이하	(상수)	-6.7499		-9.756	.000 ***	.000	.440
	접근도	0.0504	0.391	4.009	.000 ***		
	매매가격	-0.0025	-0.315	-2.730	.008 ***		
	전세가격	0.0104	0.378	3.151	.002 ***		
	월세임대료	0.4111	0.180	2.070	.042 **		
	ln(주택허가량)	0.1881	0.335	3.821	.000 ***		
3인 이상	(상수)	-6.8604		-9.274	.000 ***	.000	.368
	접근도	0.0484	0.373	3.601	.001 ***		
	매매가격	-0.0011	-0.133	-1.091	.279		
	전세가격	0.0060	0.214	1.681	.097 *		
	월세임대료	0.3277	0.143	1.543	.127		
	ln(주택허가량)	0.2054	0.364	3.903	.000 ***		

***: Sig.<0.01, **: Sig.<0.05, *: Sig.<0.1

<표 Ⅳ-11> 가구특성에 따른 주거입지 선택(동거아동 유무)

구분	변수	추정계수	표준화계수	t	Sig.	F-값	Adj. R²
동거 아동 有	(상수)	-6.8120		-9.096	.000 ***	.000	.380
	접근도	0.0529	0.399	3.887	.000 ***		
	매매가격	-0.0013	-0.156	-1.290	.201		
	전세가격	0.0060	0.211	1.672	.099 *		
	월세임대료	0.3393	0.145	1.578	.119		
	ln(주택허가량)	0.2088	0.362	3.918	.000 ***		
동거 아동 無	(상수)	-6.7744		-9.889	.000 ***	.000	.437
	접근도	0.0478	0.375	3.837	.000 ***		
	매매가격	-0.0025	-0.310	-2.682	.009 ***		
	전세가격	0.0107	0.393	3.265	.002 ***		
	월세임대료	0.4129	0.183	2.099	.039 **		
	ln(주택허가량)	0.1842	0.332	3.779	.000 ***		

***: Sig.<0.01, **: Sig.<0.05, *: Sig.<0.1

<표 Ⅳ-12> 가구특성에 따른 주거입지 선택(고령가구 여부)

구분	변수	추정계수	표준화계수	t	Sig.	F-값	Adj. R²
비고령	(상수)	-6.9200		-9.733	.000 ***	.000	.435
	접근도	0.0522	0.396	4.043	.000 ***		
	매매가격	-0.0019	-0.231	-1.998	.049 **		
	전세가격	0.0088	0.313	2.597	.011 **		
	월세임대료	0.3959	0.170	1.940	.056 *		
	ln(주택허가량)	0.2055	0.358	4.062	.000 ***		
고령	(상수)	-5.1262		-8.049	.000 ***	.005	.147
	접근도	0.0290	0.302	2.509	.014 **		
	매매가격	-0.0018	-0.293	-2.064	.043 **		
	전세가격	0.0042	0.202	1.365	.177		
	월세임대료	0.3381	0.199	1.849	.068 *		
	ln(주택허가량)	0.0668	0.159	1.473	.145		

***: Sig.<0.01, **: Sig.<0.05, *: Sig.<0.1

<표 Ⅳ-13> 가구특성에 따른 주거입지 선택(성인 가구원 수)

구분	변수	추정계수	표준화계수	t	Sig.	F-값	Adj. R²
성인 2인 이하	(상수)	-6.7960		-9.958	.000 ***	.000	.434
	접근도	0.0498	0.394	4.015	.000 ***		
	매매가격	-0.0020	-0.249	-2.152	.035 **		
	전세가격	0.0088	0.325	2.691	.009 ***		
	월세임대료	0.3821	0.171	1.950	.055 *		
	ln(주택허가량)	0.1957	0.355	4.029	.000 ***		
성인 3인 이상	(상수)	-6.7083		-8.588	.000 ***	.000	.321
	접근도	0.0465	0.352	3.275	.002 ***		
	매매가격	-0.0006	-0.073	-0.578	.565		
	전세가격	0.0052	0.184	1.394	.168		
	월세임대료	0.3630	0.155	1.619	.110		
	ln(주택허가량)	0.1845	0.320	3.319	.001 ***		

***: Sig.<0.01, **: Sig.<0.05, *: Sig.<0.1

3. 주택 점유형태 선택

1) 개요

우리나라 주택시장에는 다른 나라와 구별되는 독특한 임대차제도가 존재한다. 일반적으로, 주택의 점유형태는 크게 자가와 임대로 구분할 수 있으나, 우리나라에서의 임대는 전세와 월세로 세분된다. 전세는 우리나라의 고유한 임대차제도로,[51][52] 전세 제도는 다음과 같이 설명할 수 있다. "임차인이 주택 소유자에게 계약 시점에 보증금을 지급하고 계약 기간 동안의 추가적인 임대료 지급 없이 주택을 이용하게 된다. 보증금에 대한 이용권한은 계약 기간 동안 소유자에게 있으며, 계약 종료 시점에 임차인에게 반환된다. 주택 소유자가 전세 보증금을 반환하지 않는 경우, 법률에 의해 보증금 반환에 대한 권리를 주장할 수 있다."[53] 대체로 전세 보증금은 주택가격의 30~80% 수준이다.

이와 같은 우리나라 주택시장의 고유한 특징은 가구의 주거입지 선택에 영향을 미칠 수 있다. 주택 점유형태와 주거입지 선택 사이의 관계는 예산 제약하에서 교통비용과 주거비용 간의 상쇄효과와

---

51) Ambrose, B. W. and Kim, S., 2003, "Modeling the Korean Chonsei Lease Contract", *Real Estate Economics*, Vol.31, No.1, pp.53—74.
Cho, D., 2006, "Interest Rate, Inflation, and Housing Price: With an Emphasis on Chonsei Price in Korea", in Ito, T. and Rose, A. K.(eds.), *Monetary Policy under Very low Inflation in the Pacific Rim*, NBER—EASE, Vol.15, University of Chicago Press, pp.341—370.
최창규·지규현, 2007, "전세와 월세에 대한 구조적 해석: 금융조건 및 임차인의 자산 제약을 중심으로", 국토계획, 제42권, 제3호, 대한국토·도시계획학회, 서울, 215—226쪽.

52) 볼리비아와 같은 남미 국가에도 우리나라의 전세와 유사한 임대차제도가 존재함.

53) Cho, D., 2006, op. cit.

관련이 있다. 이는 전세가 월세에 비하여 상대적으로 적은 주거비용이 소비되기 때문이다. 특정 주거이동 가구는 상대적으로 전세를 선택함으로써 높은 교통비용을 감당하는 반면, 다른 가구는 월세 선택을 통하여 상대적으로 낮은 교통비용을 소비하는 선택을 하기도 한다. 이러한 주거입지와 주택 점유형태의 관계와 관련하여, 실증분석에서는 가구의 주택 점유형태 선택과 관련한 영향요인으로 자산과 소득 등 경제적 상황이 미치는 영향을 검토하였다.

2) 분석방법론

주택 점유형태 선택에 대한 분석의 시간적 범위는 2005년부터 2009년까지이며, 공간적 범위는 서울, 인천, 경기를 모두 포함하는 수도권이다. 분석 단위는 개별 가구이며, 분석 대상은 2005년부터 2009년까지 수도권에서 주거이동 실행 가구이다. 연구의 시간적 범위 내에서 2회 이상의 주거이동 실행 가구는 각 주거이동 실행 횟수 모두를 대상으로 하였다. 분석에 활용한 변수와 활용자료 및 출처는 <표 Ⅳ-14>와 같다.

<표 Ⅳ-14> 주택 점유형태 선택에 대한 실증분석 관련 변수와 활용자료

구분	변수	단위	내용	자료출처	비고
독립 변수	자산	만 원	주거이동 가구의 자산	한국노동패널	
	소득	만 원/월	주거이동 가구의 월 소득	한국노동패널	
종속 변수	자가, 전세, 월세	–	주거이동 가구가 선택한 주택 점유형태	한국노동패널	

분석 방법론은 다항 로지스틱 회귀분석이며, 최대 우도함수를 사용하여 분석을 실행하였다. 그리고 실증분석의 종속변수는 2005년부터 2009년까지 각 연도별 주거이동 실행 가구들이 선택한 주택 점유형태를 반응(response) 형태로 구성하였으며, 독립변수로는 가구의 속성인 자산과 소득을 적용하였다.

3) 분석 결과

① 가구유형별 주택 점유형태

가구유형별로 주거이동을 실행한 가구의 주택 점유형태 선택에 대한 로지스틱 회귀분석의 결과는 <표 Ⅳ-15>와 같다.

<표 Ⅳ-15> 가구유형별 주택 점유형태 선택 분석 결과(전체): 기준-자가

구분		변수	추정계수	Wald	Sig.	ρ^2
전체 가구	전세	(상수)	9.804	244.346	.000 ***	.332
		ln(자산)	−1.001	219.875	.000 ***	
		ln(소득)	0.056	1.107	.293	
	월세	(상수)	20.306	408.864	.000 ***	
		ln(자산)	−2.848	519.735	.000 ***	
		ln(소득)	0.793	34.015	.000 ***	
YS	전세	(상수)	26.513	13.962	.000 ***	.356
		ln(자산)	−2.802	14.154	.000 ***	
		ln(소득)	0.162	0.283	.595	
	월세	(상수)	36.931	24.298	.000 ***	
		ln(자산)	−4.393	30.069	.000 ***	
		ln(소득)	0.531	1.726	.189	
OS	전세	(상수)	12.171	9.503	.002 ***	.475
		ln(자산)	−1.312	10.134	.001 ***	
		ln(소득)	0.408	3.133	.077 *	

구분		변수	추정계수	Wald	Sig.	ρ^2
OS	월세	(상수)	23.707	24.128	.000 ***	.475
		ln(자산)	−3.367	36.411	.000 ***	
		ln(소득)	1.371	6.660	.010 **	
RS	전세	(상수)	16.830	14.344	.000 ***	.534
		ln(자산)	−1.907	14.079	.000 ***	
		ln(소득)	0.360	1.280	.258	
	월세	(상수)	26.516	20.627	.000 ***	
		ln(자산)	−3.872	25.054	.000 ***	
		ln(소득)	1.381	4.864	.027 **	
YC	전세	(상수)	20.181	20.249	.000 ***	.319
		ln(자산)	−1.960	17.840	.000 ***	
		ln(소득)	−0.098	0.363	.547	
	월세	(상수)	30.235	27.302	.000 ***	
		ln(자산)	−3.916	33.177	.000 ***	
		ln(소득)	0.813	2.109	.146	
OC	전세	(상수)	6.398	6.239	.012 **	.287
		ln(자산)	−0.681	6.106	.013 **	
		ln(소득)	0.096	0.330	.565	
	월세	(상수)	14.985	21.785	.000 ***	
		ln(자산)	−2.081	28.300	.000 ***	
		ln(소득)	0.726	3.817	.051 *	
RC	전세	(상수)	8.894	7.780	.005 ***	.359
		ln(자산)	−0.920	7.147	.008 ***	
		ln(소득)	−0.032	0.013	.910	
	월세	(상수)	21.644	9.331	.002 ***	
		ln(자산)	−3.505	12.251	.000 ***	
		ln(소득)	1.384	1.820	.177	
S+c	전세	(상수)	7.045	1.428	.232	.317
		ln(자산)	−0.520	0.679	.410	
		ln(소득)	−0.080	0.010	.919	
	월세	(상수)	12.762	3.489	.062 *	
		ln(자산)	−1.983	5.141	.023 **	
		ln(소득)	1.047	0.758	.384	

구분		변수	추정계수	Wald	Sig.	ρ^2
C+c	전세	(상수)	7.984	64.879	.000 ***	.253
		ln(자산)	−0.947	68.774	.000 ***	
		ln(소득)	0.281	4.037	.045 **	
	월세	(상수)	17.289	73.241	.000 ***	
		ln(자산)	−2.709	151.284	.000 ***	
		ln(소득)	1.014	7.908	.005 ***	
3A	전세	(상수)	9.836	50.808	.000 ***	.336
		ln(자산)	−0.898	43.789	.000 ***	
		ln(소득)	−0.169	2.083	.149	
	월세	(상수)	21.382	63.222	.000 ***	
		ln(자산)	−2.969	80.848	.000 ***	
		ln(소득)	0.709	4.340	.037 **	
3A+c	전세	(상수)	5.389	8.479	.004 ***	.333
		ln(자산)	−0.640	9.471	.002 ***	
		ln(소득)	0.174	0.487	.485	
	월세	(상수)	21.111	20.159	.000 ***	
		ln(자산)	−3.129	34.713	.000 ***	
		ln(소득)	1.072	2.840	.092 *	

***: Sig.<0.01, **: Sig.<0.05, *: Sig.<0.1

주택 점유형태 선택에 대한 가구유형별 분석모형은 모형의 적합도를 나타내는 우도비(ρ^2) 값이 최대 .534(노년층 1인 가구: RS)에서부터 최소 .253(자녀를 둔 부부가구: C+c)까지로, 높은 적합도를 나타낸다.[54]

가구유형별 주택 점유형태 선택 모형은 각 가구유형에서 유의한 변수가 일부 상이하게 나타났으나, 전세 선택의 경우는 주로 자산규모에 영향을 받으며, 월세 선택의 경우 자산규모와 월소득 모두에

---

[54] ρ^2은 일반적으로 회귀분석의 R^2 보다 비교적 작은 값을 갖게 되며, ρ^2값이 0.2와 0.4 사이의 값만 가져도 추정된 모형이 아주 좋은 적합도를 갖는 것으로 평가할 수 있음(윤대식, 2011, 앞의 책, 304쪽, 재인용).

영향을 받는 것으로 확인되었다. 즉 자가 선택을 기준으로, 전세 선택 확률은 자산규모가 작은 경우에 높아지며, 월세 선택 확률은 가구의 자산규모가 더욱 작고 월소득이 많은 경우에 높아지는 것으로 나타났다.

이는 소득이 자가와 임차 선택의 주요 요인이라는 연구 결과[55]와 비교할 때, 자산의 역할을 추가적으로 고려했다는 점에서 차이가 있다. 또한, 소득, 나이, 가구원 수가 적을수록 임차를 선택한다는 선행연구의 결과[56]와 비교할 때에도 소득만을 고려한 것에 비해 자산을 함께 고려할 때 결과에 차이가 있음을 의미한다.

가구유형별로는 청년층 가구(YS, YC)와 노년층 부부가구(RC)의 경우 전세와 월세 선택에 자산만이 유의한 변수였으며, 이는 해당 가구의 소득이 많지 않을 가능성이 크기 때문으로 판단된다. 또한, 자녀가 있는 부부가구(C+c)의 경우 자산과 소득을 모두 고려하는 특징이 나타났다.

② 가구특성별 주택 점유형태

가구특성별로 주택의 점유형태 선택에 대한 분석 결과는 다음의 <표 Ⅳ-16>부터 <표 Ⅳ-18>과 같으며, 전세 선택은 자산에, 월세 선택은 자산과 소득에 주로 영향을 받는 것으로 나타났다. 단, 동거 아동이 있는 경우와 성인 2인 이하 가구의 경우, 전세 선택에 자산과 더불어 소득이 유의수준 0.1에서 유의한 것으로 나타났다.

---

55) 조재순, 1992, 앞의 논문.
56) 김정우·이주형, 2004, 앞의 논문.
　　이채성, 2007, 앞의 논문.

<표 Ⅳ-16> 가구특성별 주택 점유형태 선택(가구규모): 기준-자가

구분		변수	추정계수	Wald	Sig.	ρ^2
2인 이하	전세	(상수)	13.991	85.943	.000 ***	.385
		ln(자산)	−1.454	83.223	.000 ***	
		ln(소득)	0.119	2.360	.124	
	월세	(상수)	23.657	159.463	.000 ***	
		ln(자산)	−3.198	204.110	.000 ***	
		ln(소득)	0.904	23.544	.000 ***	
3인 이상	전세	(상수)	8.400	137.186	.000 ***	.288
		ln(자산)	−0.850	122.739	.000 ***	
		ln(소득)	0.032	0.159	.691	
	월세	(상수)	18.692	185.663	.000 ***	
		ln(자산)	−2.767	285.270	.000 ***	
		ln(소득)	0.879	16.731	.000 ***	

***: Sig.<0.01, **: Sig.<0.05, *: Sig.<0.1

<표 Ⅳ-17> 가구특성별 주택 점유형태 선택(동거아동 유무): 기준-자가

구분		변수	추정계수	Wald	Sig.	ρ^2
동거 아동 有	전세	(상수)	7.706	82.374	.000 ***	.273
		ln(자산)	−0.878	80.408	.000 ***	
		ln(소득)	0.209	3.200	.074 *	
	월세	(상수)	17.543	118.197	.000 ***	
		ln(자산)	−2.731	199.533	.000 ***	
		ln(소득)	1.029	13.457	.000 ***	
동거 아동 無	전세	(상수)	11.987	148.328	.000 ***	.375
		ln(자산)	−1.203	135.627	.000 ***	
		ln(소득)	0.013	0.043	.836	
	월세	(상수)	22.241	252.848	.000 ***	
		ln(자산)	−3.017	308.660	.000 ***	
		ln(소득)	0.779	24.110	.000 ***	

***: Sig.<0.01, **: Sig.<0.05, *: Sig.<0.1

<표 Ⅳ-18> 가구특성별 주택 점유형태 선택(성인 가구원 수): 기준-자가

구분		변수	추정계수	Wald	Sig.	ρ^2
성인 2인 이하	전세	(상수)	10.403	176.237	.000 ***	.333
		ln(자산)	−1.091	163.639	.000 ***	
		ln(소득)	0.120	3.777	.052 *	
	월세	(상수)	20.581	314.031	.000 ***	
		lln(자산)	−2.858	394.048	.000 ***	
		ln(소득)	0.784	26.081	.000 ***	
성인 3인 이상	전세	(상수)	8.392	60.044	.000 ***	.328
		n(자산)	−0.790	51.637	.000 ***	
		ln(소득)	−0.095	0.859	.354	
	월세	(상수)	20.590	85.991	.000 ***	
		ln(자산)	−2.942	117.612	.000 ***	
		ln(소득)	0.824	7.846	.005 ***	

***: Sig.<0.01, **: Sig.<0.05, *: Sig.<0.1

V. 저출산·고령화 시대의 주거입지 변화 예측

1. 토지이용 - 교통 상호작용 기반의 주거입지 변화 예측

Wegener(1994)가 제시한 도시시스템에서와 같이, 주거입지, 직장, 활동, 통행패턴은 독립된 선택이 아닐 뿐만 아니라, 서로 연관되어 있으며 대체가 가능한 여러 수준의 대안으로부터의 선택에 의해 결정된다. 더구나 선택 대안들은 장·단기적인 예산, 시간, 그리고 일정과 같은 제약들에 영향을 받게 된다.[1]

---

1) Eliasson, J., 2010, op. cit.

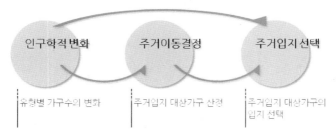

[그림 Ⅴ-1] 토지이용-교통 상호작용 기반의 주거입지 변화 예측 구성

　　토지이용-교통 상호작용 기반의 주거입지 변화 예측을 위한 전체적인 프로세스는 개인의 인구학적 변화로부터 시작하여 가구구조의 변화를 다루고, 주거이동의 결정 그리고 주거(재)입지 선택으로 이어질 필요가 있다.[2] 장기적인 주거입지 변화의 예측은 개별 의사결정 주체인 가구를 기준으로 이용 가능한 주거입지 대안의 선택 확률에 기초하여 주거입지 가능지역에 해당 가구를 할당하는 것을 의미한다.[3] 이 과정에서 가구들은 주택가격(또는 임대료)에 대한 용인 범위에서,[4] 지리적 특성, 도시·교통 환경적 특성, 자동차 보유 여부, 교통 측면에서의 가계지출, 직장 위치 등 각종 도시활동이 이루어지는 지역과의 상관성을 종합적으로 고려함과 동시에, 주택규모, 주거환경 등 더욱 복합적인 요소들과의 상호관계에 의해 효용을 최대화할 수 있는 지역을 주거입지로 선택하게 된다.[5]

---

2) Feldman, O. et al., 2010, "A Microsimulation Model of Household Location", in *Residential Location Choice: Models and Applications*(Pagliara, F., Preston, J. and Simmonds, D. eds.), Springer, Verlag Berlin Heidelberg, pp.223－241.

3) de Palma, A. et al., 2005, op. cit.

4) Feldman, O. et al., 2010, op. cit.

5) 정일호 외, 2010, 앞의 책.
　　Eliasson, J., 2010, op. cit.

주거입지 선택에 대한 예측은 단지 한 가구의 선택 행태가 아닌, 수많은 가구의 상호 의존적 선택을 다루어야 하므로, 일반적으로 가구들의 속성을 기준으로 동질적인 가구를 유형화하여 집합적 수준 (aggregated level)에서 의사결정 행태에 대한 예측이 이루어진다.[6] 이 과정에서 의사결정 주체가 특정 대안에 대해 인식하는 효용을 그 대안에 대한 선택 확률로 연결하는 로짓모형과 그로부터 확장된 계량적 모형이 주로 활용된다.

토지이용 – 교통 상호작용에 기반을 둔 주거입지 변화 예측은 시간을 불연속적인 단계로 구분하여 주택시장에서의 변화 양상을 예측함으로써 단기적인 균형을 포함할 수 있다. 즉 예측이 실행되는 전체 기간 중 각각의 예측 시점마다 단기적 균형으로 수렴한다는 가정을 적용하는 것이다. 이러한 접근방식은 토지이용과 관련한 주택 재고량의 변화에 오랜 시간이 걸리는 반면, 주택의 현재 시장가치는 단기적 수요와 공급이 일치하는 지점에서 결정된다는 가정을 주택시장 예측에 반영한 것이다[그림 Ⅴ-2] 참조).[7]

Hunt, J. D. et al., 2010, op. cit.

Simmonds, D., 2010, op. cit.

Waddell, P., 2010, op. cit.

6) Arentze, T. et al., 2010, "The Residential Choice Module in the Albatross and Ramblas Model Systems", in *Residential Location Choice: Models and Applications*(Pagliara, F., Preston, J. and Simmonds, D. eds.), Springer, Verlag Berlin Heidelberg, pp.209－222.

7) Eliasson, J., 2010, op. cit.

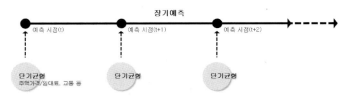

[그림 Ⅴ-2] 장기예측에서 단기적 균형 적용

토지이용-교통 상호작용에서 토지이용과 교통은 기본적으로 주
거입지 선택에 필요한 여러 고려요소 중 하나인 통행거리, 시간 또
는 비용 등의 정보를 교통부문에서 도출하여 토지이용부문의 투입
요소로 활용함으로써 통합할 수 있다.[8] 교통부문에서 산출하여 주거
입지 예측에 반영하는 통행관련 정보는 통근, 쇼핑, 통학 등 통행목
적별 통행시간, 비용 또는 접근성 척도로,[9] 대상지역의 활동 특성에
따라 상이한 기준이 적용될 수 있다.

토지이용-교통 상호작용에서 교통부문은 기존의 주거입지 관련
선행연구에서 활용한 교통수단의 이용 편리성 측면의 변수로 투입
되는 것이 아니라, 해당 지역의 입지 매력도 또는 잠재력을 나타내
는 척도인 접근도 개념을 기초로 한다. [그림 Ⅴ-3]에서와 같이, 교
통부분은 도시를 구성하는 하위요소들과의 관계에서 교통과 토지이
용 체계를 이용함으로써 얻을 수 있는 해당 지점에서의 잠재적 기회
의 규모를 나타낸다. 따라서 접근도는 입지 선택 과정에서 도시 전
체의 공간구조적 측면의 매력도를 나타내는 지표라 할 수 있다.

---

8) Arentze, T. et al., 2010, op. cit.

9) Pagliara, F. and Simmonds, D., 2010, op. cit.

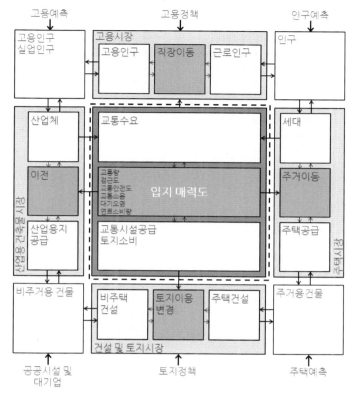

(출처: Wegener, M., 1996)

[그림 V-3] Dortmund 모델의 구조

접근도에 대한 개념 정의와 그에 따른 산출방법은 <표 V-1>과 같이 매우 다양하다. 그중에서도 Hansen이 정의한 잠재력 모형(potential model)의 접근도는 Wilson을 비롯한 여러 연구자들에 의해 다양한 형태로 수정·변형되었다. 또한, 통행자의 사회·경제적인 특성, 시간가치, 통행에 소요되는 일반화비용(generalized cost), 입지의 매력성(attractiveness) 등을 고려함으로써 접근도를 정교하게 측정하기 위한 노력이 지속되어 왔다.[10]

<표 Ⅴ-1> 접근도의 개념 정의와 산출방법

연구자	개념 정의	산출방법
Reilly (1931)	중력모형을 기초로 공간 상호작용 현상을 모형화	$G = K\dfrac{M_1 \times M_2}{d^2}$ 단, G: 물체 사이에 작용하는 중력 M_1, M_2: 두 물체의 질량 d: 두 물체 사이의 거리, K: 상수
Shimbel (1953)	공간적으로 작용하는 마찰을 극복하는 정도와 관련된 공간 자체의 특성 (교통망 이론에 근거)	$A_i = \sum\limits_{j=1}^{n} C_{ij}$ 단, A_i: 결절점 i의 접근성, n: 총 결절점 수 C_{ij}: 결절점 i에서 결절점 j까지의 통행비용
Hansen (1959)	공간 상호작용에 의한 기회의 잠재성	$A_i = \sum\limits_{j=1}^{n} E_j \times d_{ij}^{-\beta}$ 단, A_i: i지역의 접근성($i=1, \cdots\cdots n$) E_j: j지역의 총 고용자수($j=1, \cdots\cdots n$) d_{ij}: i지역에서 j지역까지의 거리, β: 상수($\beta>0$)
Wilson (1970)	토지이용과 교통체계를 이용함으로써 얻을 수 있는 효용 또는 편익	$A_i = \sum\limits_{j=1}^{n} E_j \times \exp(-\beta d_{ij})$ 단, A_i: i지역의 접근성($i=1, \cdots\cdots n$) E_j: j지역의 총 고용자수($j=1, \cdots\cdots n$) d_{ij}: i지역에서 j지역까지의 거리, β: 상수($\beta>0$)

출처: 원광희(2003) 자체 편집

앞서 확인한 바와 같이, 주거입지 패턴의 장기적인 변화를 합리적으로 예측하는 것은 도시시스템 관점에 기반을 둔 토지이용-교통 상호작용 이론을 통해 가능하다. 일반적으로 토지이용과 교통의 상

---

10) 원광희, 2003, "고속도로건설에 따른 지역간 접근성 변화분석", 도시행정학보, 제16집, 제1호, 한국도시행정학회, 서울, 49-81쪽.

호작용 형성은 두 부문에서 각각 요구하는 자료의 교환을 통해 이루어진다.

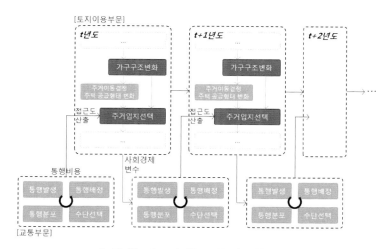

[그림 Ⅴ-4] 토지이용-교통 상호작용 구조

[그림 Ⅴ-4]와 같이, 자료의 교환을 통해 토지이용부문과 교통부문이 상호 연관성을 지니면서 장래 예측을 수행하게 된다. 교통부문에서는 현재 상황에서의 통행패턴을 분석하여 대상지역의 존 간 통행거리, 통행시간을 고려한 통행비용을 통행목적별로 산정하여 토지이용부문에서 이용할 수 있는 자료로 입력된다. 반대로, 토지이용부문에서는 교통부문의 결과물과 토지이용부문의 관련 자료를 기반으로 접근도를 산정하여 주거입지 선택의 설명변수로 활용한다. 또한, 주거입지 선택의 결과물인 가구의 공간적 분포 패턴은 다시 교통부문에서 4단계 교통수요 예측을 위한 사회경제변수로 입력되며, 이러한 두 부문 사이의 자료 교환은 최종 예측연도까지 반복적으로 수행된다.

2. 장기적 주거입지 변화 예측을 위한 개념적 모델

앞서 검토한 국내 주택시장의 특성에 기초하여, 장기적 주거입지 변화 예측을 위한 토지이용－교통 상호작용 기반의 개념적 모델에 대한 개발 방향은 다음과 같다.

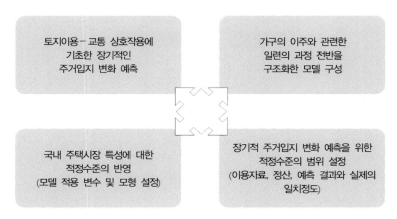

[그림 Ⅴ-5] 장기적 주거입지 변화 예측을 위한 개념적 모델 개발 방향

첫째, 장기적인 주거입지 변화 예측을 위해 국내외에서 연구가 진행된 도시시스템 관점과 토지이용－교통 상호작용에 기반을 둔 모델을 지향한다.

둘째, 주거입지 변화 예측은 주택수요 측면에서 인구·가구구조의 변화, 주거이동 결정 가구의 총량 산정, 그리고 주택 공급 측면에서의 기존 주택 공급형태 변화, 전입 및 신규가구와 주거이동 결정 가구들의 적정 입지 선택에 이르는 일련의 연속적인 과정을 전반적으로 구조화한 모델이 되어야 한다.

셋째, 국내 주택시장의 주거이동 및 주거입지 관련 특성을 적정수준에서 반영한 모델 구조를 형성한다.

넷째, 이용자료, 관련 변수의 영향력 정산, 모델 적용의 공간 단위 등 적정수준의 범위와 상세화 정도를 설정한다.

장기적 주거입지 변화 예측을 위한 개념적 모델(이하, 장기 주거입지 모델) 개발 방향에 기초하여, 다음과 같은 전제조건을 설정하였다.

첫째, 장기 주거입지 모델은 장기적인 주거입지의 공간적 변화 패턴을 파악하는 것이 목적이다. 따라서 개별 가구의 입지 선택에 영향을 미치는 금융, 가구 구성원 개개인의 선호, 입지 예측에 활용하는 분석단위 이하의 입지 여건 등은 고려하지 않는다.

둘째, 장기적인 주거입지 예측을 위해 거시적인 영향요인, 즉 가구구조의 변화, 입지적 잠재력, 지역적 차원의 주택 공급 등을 주로 고려하며, 주거입지 선택과 관련한 세부적인 단계에서 발생할 수 있는 시간의 흐름에 따른 상황적 변화는 배제한다.

셋째, 주거입지 선택에 간접적으로 영향을 줄 수 있는 고용, 지역 경제 상황의 변화 등은 고려하지 않는다.

3. 주거입지 예측모델의 세부모형

1) 가구구조 변화 모형

① 개요

가구구조 변화 모형은 연령, 가구원 수, 생애주기 등에 의해 유형화한 가구들의 전출·입, 생성·소멸, 변화에 대한 장래 추계를 수행하는 세부모형이다. 모형에 대한 가정과 전제조건은 다음과 같다.

[가정/전제조건]

· 가구의 전출·입, 생성·소멸, 변화에 대한 세부 요인에 대해서는 고려하지 않음
· 가구유형의 변화는 단독으로 나타나거나, 변화와 소멸 또는 변화와 생성이 동시에 발생함
· 가구구조의 변화 추이는 대상지역에 동일하게 적용하나, 가구구조의 변화 양상이 상이한 지역은 구분하여 적용함
· 가구유형별 변화 추이 확률은 산정한 지역에 동일하게 적용(예측 단계)

가구의 변화 형태를 유형화하면 다음과 같으며, 가구유형별 변화 유형에 따른 확률을 산정하여 가구구조 변화를 예측한다.

· 유형 1: 소멸
· 유형 2: 변화
· 유형 3: 변화/소멸
· 유형 4: 변화/생성

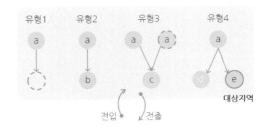

[그림 Ⅴ-6] 가구의 변화 유형

② 가구유형 변화 구조

앞서 주택시장의 특성에 대한 실증분석에서 구분한 가구유형을 기초로, 한국노동패널로부터 도출한 우리나라의 가구유형 간 변화유형 중 주요한 변화 유형을 구조화하여 도식화하면 [그림 V-7]과 같다. 가구유형 변화 구조에는 가구유형만 변화되는 형태, 가구유형의 변화와 기존 가구의 소멸이 동시에 발생하는 형태, 그리고 가구유형 변화와 신규가구 생성이 동시에 나타나는 형태로 구성된다.11)

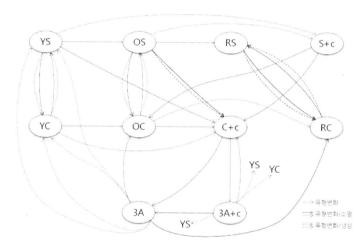

[그림 V-7] 가구유형 변화 구조

---

11) 가구유형의 변화를 나타내는 화살표의 시작점이 동일한 변화유형은 동시에 발생하는 하나의 변화과정을 의미함.

③ 모형의 관련 이론

가구구조의 변화에 대한 예측은 다양한 방법론이 사용될 수 있으나,[12] 마코프 체인(markov chain)에 기초하여 가구구조 변화 모형을 제시할 수 있다. 마코프 체인은 러시아의 수학자 마코프(Markov, A. A.)에 의해 처음 개발된 것으로 지리학과 주택분야에서는 정보의 확산과 획득, 그리고 인구이동의 분석에 적용되고 있다. 마코프 체인은 과거의 변화를 토대로 하여 시스템 내에서의 상태를 구조적으로 파악하여 미래에 있을 변화를 예측하는 확률모형이다.[13] 국내 도시계획 관련 분야에서는 주로 인구의 지역별 이동 변화 예측에 활용하고 있으며,[14] 국외에서도 국가 간에 이루어진 이주 양상에 대한 예측,[15] 인구구조의 변화 예측[16] 등에 활용하였다.

임의의 시점 t에서의 상태는 전적으로 시점 $t-1$에서의 상태와 변화 추이 확률의 영향을 받아 결정된다. 이때 특정 시점에서 과거 시계열 자료만을 고려한 변동패턴을 근거로 하여 예측값을 추정하게 되며, 이를 정상 마코프 체인이라 한다.

---

12) 가구예측과 관련한 대표적 예측 방법론으로 UN의 가구주율법이 가장 널리 사용되고 있으며, 통계청의 장래 가구추계에도 가구주율법이 활용되고 있음.

13) 김경수·장욱, 2003, "정상 마르코프 연쇄모형에 의한 부산권 인구분포예측 연구", 국토계획, 제38권, 제4호, 대한국토·도시계획학회, 서울, 33-46쪽.

14) 김경수, 2004, "비정상 마르코프 연쇄모형에 의한 부산권 인구분포예측 연구", 국토계획, 제39권, 제4호, 대한국토·도시계획학회, 서울, 19-30쪽.
   김경수·장욱, 2003, 앞의 논문.
   김홍배 외, 2009, "조성법과 Markov Chain 모형을 결합한 지역 인구예측모형에 관한 연구", 국토계획, 제44권, 제6호, 대한국토·도시계획학회, 서울, 139-146쪽.

15) Constant, A. and Zimmerman, K., 2003, *The Dynamics of Repeat Migration: A Markov Chain Analysis, Working Paper 85*, The Center for Comparative Immigration Studies, University of California, San Diego.

16) Li, H. and Wu, Z., 2009, "The Application of Markov Chain into the Forecast for Population Age Structure in Shanghai", Computational Intelligence and Software Engineering, International Conference, in Wuhan China.

$$y_\beta(t) = \sum_{\alpha=1}^{r} y_\alpha(t-1) \cdot P_{\alpha\beta} + u_\beta(t)$$

단, $y_\beta(t)$: t시점에서 β상태의 관측된 비율

$y_\alpha(t-1)$: $t-1$시점에서 α상태의 관측된 비율

$P_{\alpha\beta}$: α상태에서 β상태로 변화할 미지의 변화 추이 확률

$u_\beta(t)$: 임의의 오차

정상 마코프 체인에서, 변화 추이 확률 P가 주어졌을 때의 예측 값은 과거의 변동에 대한 추세 패턴이 미래에도 일정할 것이라고 가정함으로써 임의의 미래 시점에서 각 상태 $Y(t)$는 다음의 수식과 같은 형태가 된다. 즉 초기상태 $Y(0)$에 대한 값만을 이용하여 연속적으로 이후 시점의 결과를 산출할 수 있다.

$$Y(t) = Y(0) \cdot P^t$$
$$Y(t) = [y_1(t),\ y_2(t),\ \ldots\ldots,\ y_r(t)]$$
$$Y(0) = [y_1(0),\ y_2(0),\ \ldots\ldots,\ y_r(0)]$$
$$P^t = P \cdot P \cdot P \cdot \ldots\ldots\ P(t\text{시점의 추이행렬})$$

반면, 비정상 마코프 체인은 시간의 흐름에 따라 외생변수가 항상 변화한다는 것을 가정한다. 비정상 마코프 체인의 변화 추이 확률 추정함수는 다음의 조건을 기초로 산출한다.

ⓐ 변화 추이 확률(P)은 시간에 따라 변화하는 것이며, 외생변수 와 대수함수관계를 갖는다.

ⓑ α상태에서 β상태로 변화하는 유형(동일 상태로의 변화 포함)

의 총량을 1이라 가정하면, 각 상태로 변화하는 유형의 상대적
비율은 $P_{\alpha\beta}$로 변화 추이 확률의 각 성분이 된다.

ⓒ $0 \leq P_{\alpha\beta} \leq 1$이고, $\sum_{\beta} P_{\alpha\beta} = 1$을 만족한다.

④ 모형 세부 내용

가구구조 변화 모형은 Simmonds(1999)가 인구학적 변화 예측에
마코프 체인 개념을 활용한 연구 결과를 토대로 하여, 장기적 주거
입지 변화 예측에서 가구구조 변화 모형의 역할을 고려하여 적합한
형태로 모형을 수정·보완하였다. 가구유출 및 소멸, 가구의 유입,
가구형성, 가구유형의 변화를 통해 가구유형별 총량이 시간의 흐름
에 따라 변화하는 과정을 마코프 체인을 활용하여 예측하기 위한 가
구구조 변화 모형의 세부 내용은 다음과 같다.

·가구전출 및 소멸

$$H(D)_p^h = \sum_i H_{ti}^h \cdot (d_p^h + z_p^h)$$

단, $H(D)_p^h$: p기간 동안 전출 및 소멸된 h유형 가구 수 총량

H_{ti}^h: t시점에 i존의 h유형 가구 수

d_p^h: p기간 동안 h유형 가구의 전출률

z_p^h: p기간 동안 h유형 가구의 소멸률

・가구전입

$$H(A)_p^h = \sum_i H_{ti}^h \cdot a_p^h$$

단, $H(A)_p^h$: p기간 동안 전입한 h유형 가구 수 총량

　　a_p^h: p기간 동안 h유형 가구의 전입률

・가구형성

$$H(N)_p^k = \sum_i \sum_h H_{ti}^h \cdot n_p^{hk}$$

단, $H(N)_p^k$: p기간 동안 형성된 k유형 가구 수 총량

　　n_p^{hk}: p기간 동안 각각의 h유형 가구로부터 형성되는 k유형 가구 수

・가구유형 변화

$$H(T)_p^k = \sum_i \sum_h \left[H_{ti}^h - H(D)_{ip}^h \right] \cdot t_p^{hk}$$

단, $H(T)_p^k$: p기간 동안 k유형으로 변화한 가구 수 총량

　　$H(D)_{ip}^h$: p기간 동안 i존에서 유출된 h유형 가구 수

　　t_p^{hk}: p기간 동안 h유형에서 k유형으로의 변화율

가구구조 변화 모형을 통해 가구유형별 $t+n$시점에서의 가구 수와 가구유형별 p기간 동안의 유출 및 소멸, 유입, 형성, 그리고 전환 가구 수에 대한 자료가 생성된다. 이는 주거이동 결정 모형과 주거 입지 선택 모형에서 활용하게 된다.

2) 주거이동 결정 모형

① 개요

주거이동 결정 모형은 주거입지 선택의 대상이 되는 가구 수 산정을 위해 대상지역으로의 전입 및 신규 생성 가구에 더하여 실제 주거이동 실행 가구 수를 추계한다. 또한, 주거입지 선택 단계에서 활용되는 주거이동 후 인해 남겨지는 주택의 양을 도출한다. 이 세부모형에 대한 가정과 전제조건은 다음과 같다.

[가정/전제조건]

· 가구의 주거이동 요인으로 가구유형 변화에 따른 주거이동과 자발적 주거이동으로 구분함
· 가구유형 변화에 따른 주거이동에서 시간적 흐름의 개념을 적용함
· 주거이동 실행 가구 수 산정을 위해 가구유형별 주거이동률을 도출하여 적용함
· 주거입지 선택 대상 가구 수와 주거이동에 따른 잔여 주택의 총량 산정에 한정함
· 가구유형 및 지역별 차이를 반영하여 주거이동률을 적용함

주거이동 결정 모형의 개념을 도식화하면 [그림 Ⅴ-8]과 같다.

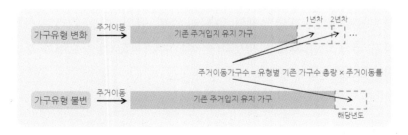

[그림 Ⅴ-8] 주거이동 결정 모형 개념도

② 모형 세부 내용

주거이동 결정 모형은 가구의 주거이동 요인으로 가구유형 변화에 따른 주거이동과 자발적 주거이동을 구분하고, 주거이동 실행까지 소요되는 시간을 고려하는 방법론을 제시한다. 이를 통해, 주거입지 선택에 활용할 주거이동 가구 수 총량과 주거이동 후의 잔여주택 총량을 도출할 수 있다. 주거이동 결정 모형의 세부 내용은 다음과 같다.

· 자발적 주거이동 가구

$$H(M)_p^h = \sum_i H_{ti}^h \cdot m_p^h$$

단, $H(M)_p^h$: p기간 동안 주거이동을 실행하는 h유형 가구 수 총량

$\quad H_{ti}^h$: t시점 i존의 h유형 가구 수 총량

$\quad m_p^h$: p기간 동안 주거이동을 실행하는 h유형 가구비율

· 가구유형 변화에 따른 주거이동 가구

$$H(M)_q^{hk} = \sum_i H_{ti}^h \cdot m_q^{hk}$$

단, $H(M)_q^{hk}$: q차연도에 주거이동을 실행하는 $h \rightarrow k$유형변화 가구 수 총량

$\quad H_{ti}^h$: t시점 i존의 h유형 가구 수 총량

$\quad m_q^{hk}$: q차연도에 주거이동을 실행하는 $h \rightarrow k$유형변화 가구비율

· 주거이동 후의 잔여 주택

$$F(M)_{ip} = \sum_h H(M)_{ip}^h \cdot r_{ip}^h$$

단, $F(M)_{ip}$: i존에서 p기간 동안 주거이동 후 남겨진 주택 총연면적

$\quad\quad H(M)_{ip}^h$: i존에서 p기간 동안 주거이동을 실행하는 h유형 가구 수 총량

$\quad\quad r_{ip}^h$: i존에서 p기간 동안 h유형 가구당 주거소비 면적

3) 주택 공급형태 변화 모형

① 개요

주택 공급형태 변화 모형은 가구의 주거이동으로 인해 남겨진 주택과 신규 주택의 양에 따른 주택 공급형태별 총량을 예측하는 세부모형으로, 주거입지 선택 모형의 점유형태 선택 단계와 관련한 공급형태별 주택 총량에 대한 정보를 도출한다. 세부모형에 대한 가정과 전제조건은 다음과 같다.

[가정/전제조건]

- 주택 공급형태의 변화요인에 대해서는 고려하지 않음
- 주택의 공급형태는 자가, 전세, 월세의 세 가지 형태만 존재하는 것으로 가정함
- 외생자료를 기초로 주택 점유형태 비율의 변화 추세를 적용함[17)]
- 금융시장의 변화에 따른 주택 공급형태 변화는 고려하지 않음

---

17) 주택 공급형태의 변화와 관련한 자료 구득의 어려움과 모델 구축의 범위와 수준을 고려하여, 인구총조사 자료의 주택 점유형태별 가구 수 자료를 토대로 점유형태별 비율을 산출하여 주택 공급유형별 변화 양상을 추계함.

주택 공급형태 변화 모형의 개념적 도식을 제시하면 [그림 Ⅴ-9]
와 같다.

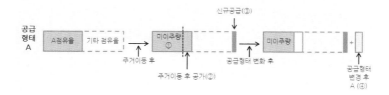

[그림 Ⅴ-9] 주택 공급형태 변화 모형 개념도

주택 공급형태 변화 모형을 적용한 후의 공급형태별 주택 총량은
주거이동을 실행하지 않은 가구가 점유하고 있는 주택의 양(①), 해
당 주택 공급형태의 신규 공급량(③), 그리고 주택 공급형태 변화 후
해당 공급형태로 변화한 주택의 양(④)의 총합이다. 또한, 주택 공급
형태별 주택 점유형태 선택 시 이용가능 주택 총량은 해당 주택 공
급형태의 신규 공급량(③), 그리고 주택 공급형태 변화 후 해당 공급
형태로 변화한 주택의 양(④)에 대한 합과 같다.

② 모형 세부 내용
주택 공급형태 변화 모형은 우리나라 주택시장의 고유한 특성을
고려하기 위한 세부모형으로, 주택의 공급형태 변화 요인에 대한 고
려를 하지 않고 외생자료를 기초로 주택의 공급형태의 변화 추이를
반영하여 적용하는 방법론을 제시한다. 이를 통해, 주택 점유형태
선택 시 이용 가능한 주택의 양을 도출할 수 있다. 주택 공급형태 변
화 모형의 세부 내용은 다음과 같다.

$$F(A)_{ip}^{b} = \left(\sum_{h} H(M)_{ip}^{h} \cdot r_{ip}^{h} \right) \cdot w_{ip}^{b} + F(N)_{ip}^{b}$$

단, $F(A)_{ip}^{b}$: i존 p기간 동안의 이용 가능한 b형태 주택 총량

$H(M)_{ip}^{h}$: i존 p기간 동안의 h유형 주거이동 가구 수 총량

r_{ip}^{h}: i존 p기간 동안의 h유형 가구당 주거소비 면적

w_{ip}^{b}: i존 p기간 동안의 b형태로의 변화율

$F(N)_{ip}^{b}$: i존 p기간 동안의 b형태 신규 주택 총량

4) 주거입지 선택 모형

① 개요

주거입지 선택 모형은 전입 및 신규 형성 가구와 주거이동 실행 가구의 주거입지와 주택 점유형태를 결정하는 세부모형으로, 가구구조 변화 모형에서 산정된 대상 지역으로의 유입 가구($H(A)_{p}^{h}$)와 신규 형성 가구($H(N)_{p}^{k}$), 그리고 주거이동 결정 모형으로부터 도출한 주거이동 결정 가구($\sum_{i} H(M)_{ip}^{h}$)는 주거입지 선택 모형을 통해 새로운 주거입지에 할당된다. 이 과정에서 주거입지의 선택 대상 가구들은 입지선택 요인에 의해 주거입지가 할당되며, 이용 가능한 공급형태별 주택의 양을 기반으로 예산 제약하에서 주거소비 면적의 변화에 따라 주거입지와 점유형태를 선택하게 된다. 세부모형에 대한 가정과 전제조건은 다음과 같다.

- 주거입지 선택 단계에서는 입지선택에 영향을 주는 여러 요인 중, 지역 관련 변수에 한정함
- 주택 점유형태 선택은 가구의 자산, 소득 등 가구 관련 변수를 고려함
- 주거입지와 점유형태 선택 과정은 순차적으로 진행되는 과정으로 가정함
- 금융시장의 여건 변화와 관련한 점유형태 선택은 고려하지 않음

주거입지 선택 모형의 개념을 도식화하여 제시하면 [그림 V-10]과 같다. 주거입지 선택 모형은 주거입지 선택 단계와 점유형태 선택 단계로 구분할 수 있으며, 이 두 단계의 선후관계는 주거입지 선택 후에 점유형태를 선택하는 경우와 점유형태 선택 후에 주거입지를 선택하는 경우로 구분할 수 있으며, 두 경우 모두 가능한 것으로 가정하였다. 주거입지 선택 모형에서는 단지 하나의 가구에 대한 주

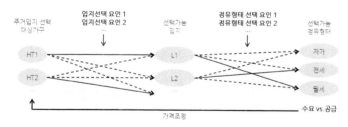

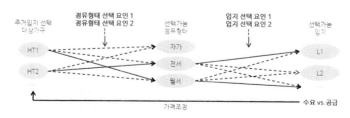

[그림 V-10] 주거입지 선택 모형 개념도

거입지와 점유형태 선택이 아닌 수많은 가구의 상호 의존적 선택을 다루기 때문에, 존별 주택가격 및 임대료 정보를 조정하여 수요와 공급에 균형을 찾을 수 있도록 반복 계산을 수행한다.

② 모형의 관련 이론[18]

로짓모형은 확률적 효용이 와이블분포임을 가정하는 확률선택모형이다. 로짓모형에 의하면, 어떤 개인 n이 대안 i를 선택할 확률 $P_n(i)$는 다음과 같이 계산된다. 다음의 로짓 선택 확률의 계산식은 선택할 수 있는 대안의 수가 J개인 경우를 나타내는 것으로, 일반적인 다항로짓모형 형태를 나타낸 것이다.

$$P_n(i) = \mathrm{Prob}(U_{in} \geq U_{jn}, \forall j \in C_n)$$
$$= \frac{e^{V_{in}}}{\sum_{j=1}^{J} e^{V_{jn}}}$$

로짓모형에서 각 대안을 선택할 확률은 0과 1 사이의 값을 갖는다. 그리고 각 대안의 선택 확률을 모든 대안에 대한 합인 경우 그 합은 1이 되며, 어떤 대안의 선택 확률과 그 대안의 결정적 효용과의 관계는 S자 모양을 보이는 특성이 있다.

확률선택모형에서 모형 전체의 적합도(goodness of fit)를 나타내기 위해 ρ^2(likelihood ratio index)이 주로 사용된다.

---

18) 윤대식, 2011, 앞의 책, 293–304쪽.

$$\rho^2 = 1 - \frac{L(\hat{\beta})}{L(0)}$$

단, $L(0)$: 모든 모수 β_1, β_2, ……, β_K의 값이 0일 때의 로그우도함수

$L(\hat{\beta})$: 로그우도함수의 최대치에서의 로그우도함수 값

ρ^2은 회귀분석에서의 R^2과 마찬가지로 0과 1 사이의 값을 갖게 되며, 1에 가까울수록 좋은 적합도를 나타낸다. ρ^2을 일반적으로 R^2 보다 비교적 작은 값을 갖게 되는데, ρ^2의 값이 0.2와 0.4 사이의 값만 나타낸다 할지라도 추정된 모형이 좋은 적합도를 갖는 것으로 평가할 수 있다.

③ 모형 세부 내용

주거입지 선택 모형은 로짓모형을 기반으로 하고 있으며, 입지선택을 위한 효용함수의 독립변수는 입지매력도 측면에서의 접근도, 주택의 신규 공급량, 해당 입지의 단위면적당 주택가격 및 임대료 등 입지 여건 관련 변수를 적용하였다.

· 주거입지 선택

$$H(L)_{ip}^{hg} = H(M_{total})_p^h \cdot x^g \cdot \frac{F(T)_{ip}\exp(V_{ip}^h)}{\sum\limits_{i}\left\{F(T)_{ip}\exp(V_{ip}^h)\right\}}$$

$$H(M_{total})_p^h = \sum\limits_{i} H(M)_{ip}^h + H(A)_p^h + H(N)_p^h$$

$$V_{ip} = \mu^A A_{t,i} + \mu^{F(N)} F(N)_{t-1,i} + \mu^{HP} HP_{t,i} + \mu^{HR} HR_{t,i}$$

단, $H(L)_{ip}^{hg}$: i존에 p기간 동안 입지하는 h유형의 g계층 가구 수

  $H(M_{total})_p^{hg}$: p기간 동안 주거입지를 선택할 h유형의 가구 수

  x^g: 사회 · 경제계층 g의 비율

  $F(T)_{ip}$: i존에서 p기간 동안 이용 가능한 주택의 양

  V_{ip}: i존에서 p기간 동안의 주거입지 선택 효용함수

  $A_{t,i}$: t시점 i존에서의 접근도

  $F(N)_{t-1,i}$: $t-1$시점 i존에서의 신규 주택 공급량

  $HP_{t,i}$: t시점 i존에서의 단위면적 당 주택 매매가격

  $HR_{t,i}$: t시점 i존의 주거환경

  μ^A, $\mu^{F(N)}$, μ^{HP}, μ^{HR}: 독립변수의 모수

주거입지 선택 요인으로 적용한 접근도는 교통수단의 이용 편리성 측면의 지표가 아닌 해당 지역의 갖고 있는 지역 간 상호작용에 대한 기회의 잠재력으로 정의할 수 있다.[19] 접근도 산정을 위해 Hansen(1959)과 Wilson(1970)이 정의한 접근도 개념을 활용하였으며, 국내의 통행패턴을 적절히 설명할 수 있는 형태를 적용한다(Ⅳ장 참조).

주택 점유형태 선택을 위한 효용함수에는 사회 · 경제계층별 가구 유형의 자산과 소득을 독립변수로 적용하였다.

---

19) Hansen, W. G., 1959, op. cit., p.73.

· 주택 점유형태 선택

$$H(L)_{ip}^{hgb} = H(L)_{ip}^{hg} \cdot \frac{\exp(C_{ip}^{hb})}{\sum\limits_{b} \exp(C_{ip}^{hb})}$$

$$C_{ip}^{hgb} = \mu^{As} As_{t,i}^{hg} + \mu^{Ic} Ic_{t,i}^{hg}$$

단, $H(L)_{ip}^{hgb}$: i존에 p기간 동안의 입지 가구 중 b점유형태 선택 가구 수

$H(L)_{ip}^{hg}$: i존에 p기간 동안 입지하는 h유형의 g계층 가구 수

C_{ip}^{hgb}: i존에서 p기간 동안 h유형 g계층 가구의 점유형태 선택 효용함수

$As_{t,i}^{hg}$: t시점 i존의 h유형 g계층 가구의 자산

$Ic_{t,i}^{hg}$: t시점 i존의 h유형 g계층 가구의 소득

μ^{As}, μ^{Ic}: 독립변수의 모수

맺으며

이 책은 저출산·고령화라는 우리나라의 사회·경제적 전환기를 맞이하여, 주택시장에서의 구조적 변화 현상에 대한 특성을 분석함으로써 장기적 주거입지 변화 예측의 필요성을 제기하고자 하였다. 그리고 도시를 구성하는 다양한 하위요소들의 변화와 관련하여, 장기적인 주거입지 분포 패턴의 변화에 대한 장래 예측 방법론을 고찰하였다. 특히, 토지이용－교통 상호작용이라는 이론적 틀 안에서 국내 주택시장의 특성을 적절한 수준에서 반영할 수 있는 장기 주거입지 모델의 개발 방향과 이를 구성하는 세부모형에 대하여 제시하였다.

주택 공급 위주의 시장에서 수요 중심의 시장으로 전환되고 있는 2000년대 한국 주택시장의 제반 여건 변화와 관련하여 인구·사회학적 측면의 변화 양상을 검토하였다. 그리고 장기적인 도시의 변화를 예측하기 위한 이론적 수단으로 도시시스템 관점과 토지이용－교통 상호작용에 대해 확인하였고, 주거이동 및 주거입지와 관련한 대표적 이론, 모형, 그리고 영향요인을 고찰하였다. 시계열 자료인 '한국노동패널'의 2001년부터 2008년까지 조사자료를 분석함으로써, 2000년대 수도권에서의 가구구조 변화, 주거이동 결정, 주거입지 선택 등 주거입지의 변화 양상과 특성을 확인하였다. 이와 함께 주거이동 결정, 주거입지 선택, 그리고 주택 점유형태 결정에 대한 실증분석을 수행하여, 우리나라에서의 장기적 주거입지 변화에 영향을 미치는 요인을 도출하고 그 결과를 해석하였다.

이론적 측면의 검토 결과와 수도권에서의 변화 특성을 분석한 결과를 토대로, 토지이용−교통 상호작용 기반의 장기 주거입지 모델을 구조화하였다. 모델을 구성하는 세부모형은 가구구조 변화 모형, 주거이동 결정 모형, 주택 점유형태 변화 모형, 그리고 주거입지 선택 모형 등으로, 주거입지 변화의 전반적인 과정을 모두 포함하였다.

1) 2000년대 수도권 주거입지 변화 양상

수도권에서의 주거이동 및 주거입지 선택과 관련한 제반 여건의 변화에서 두드러지는 특징은 1인 가구와 부부가구 등 가구규모의 소형화 현상이며, 서울과 인천·경기 등 지역별로 가구구조의 변화 양상이 다소 상이하다는 것이다. 이러한 특징으로 인하여, 장기 주거입지 모델은 대상지역의 가구구조에 대한 변화를 보다 합리적으로 예측할 수 있고, 지역별로 상이한 특성을 보이는 가구구조의 변화 양상을 적절히 반영할 수 있어야 장래 예측의 타당성과 신뢰성을 확보할 수 있을 것으로 나타났다.

주거이동 측면에서, 가구유형 자체와 가구유형 간 변화에 따른 주거이동률의 차이를 반영할 수 있는 모형의 개발이 요구되며, 가구의 주거이동 결정 및 주거입지 선택 시, 주택의 공급형태 변화와 점유형태에 대한 수요 변화를 장기 주거입지 모델에 포함할 수 있어야 함을 확인하였다. 또한, 주거입지 선택 요인으로는 주택가격과 관련한 경제적 측면, 직장으로의 접근성, 주거지 환경의 질적 수준 등이 모형에 반영되어야 할 변수로 분석되었다.

2) 수도권 주거입지 변화에 대한 실증분석

① 가구규모 변화에 따른 주거이동

주거이동은 가구의 생애주기 단계 변화에 따른 가구 구성원의 증가와 감소로 인한 적극적인 주거소비의 조정 과정으로 이해할 수 있다. 이와 관련하여, 가구 구성원에 변화가 발생한 이후 해당 가구가 주거이동을 결정하는 데 미치는 영향요인을 Cox 비례위험모형을 활용하여 분석하였다.

가구 구성원이 변화한 전체 가구를 대상으로 분석한 결과, 가구 구성원 변화 이후의 주거이동 확률에 영향을 미치는 변수는 가구주 연령, 주택종류, 그리고 주택 점유형태인 것으로 확인되었다. 가구주 연령이 많을수록, 거주하고 있는 주택의 종류가 공동주택일수록, 그리고 주택을 임차한 가구일수록 주거이동을 실행할 확률이 높은 것으로 나타났다.

반면, 가구 구성원이 증가한 가구만을 분석한 경우에는 다소 상이한 결과가 도출되었다. 가구 구성원이 증가한 경우, 가구주 연령, 가구원 수, 고교생 이하 자녀 여부, 그리고 주택 점유형태가 유의한 변수로 확인되었다. 특이할 점은 주택종류에 상관없이 주거서비스에 대한 조정이 나타난다는 점이었다. 그리고 가구원 수가 많은 경우, 가구원 증가에 따른 인당 주거소비 면적 감소가 상대적으로 적기 때문에 주거이동 확률이 낮아지는 것으로 분석되었다. 학령기 자녀가 있는 경우에는, 자녀들이 급속한 환경 변화를 경험하지 않도록 주거이동을 실행할 확률이 낮아지는 것으로 확인되었다.

가구 구성원 감소의 경우에도 특이한 점이 나타났다. 가구주 연령, 고교생 이하 자녀 존재 유무, 주택종류, 그리고 주택 점유형태가 유의미한 변수로 확인되었다. 그중에서 주택종류와 주택 점유형태의 경우, 전체 가구를 대상으로 한 분석 결과에 비해 주거이동에 미치는 영향이 상대적으로 큰 것으로 나타났다. 또한, 고교생 이하 자녀가 있는 가구는 고교생 이하 자녀가 없는 가구에 비해 주거이동 확률이 큰 것으로 나타나, 가구 구성원 증가와는 상이한 결과를 나타냈다. 이는 가구 구성원이 감소하는 주요 원인이 가구원 사망, 이혼 등으로, 그에 따른 자녀의 심리적 충격을 경감하기 위해 상대적으로 조기에 주거이동을 수행하는 것으로 추정된다.

② 토지이용 - 교통 상호작용 기반의 주거입지 선택

주거입지 선택에 대한 실증분석을 위해, GIS 기반의 교통 네트워크를 활용하여 교통수요 예측모형을 적용하였다. 이로부터 도출된 지역 간 교통비용에 가중치 변수를 적용한 입지 매력도 개념의 접근도를 산출하였다. 그리고 매매가격, 전세가격, 월세임대료, 그리고 주택허가량 등을 설명변수로 하여 2005년 수도권에서의 주거입지 선택 확률에 대한 실증분석을 수행하였다.

실증분석 결과, 설정한 주거입지 선택 모형이 유의한 것으로 확인되었으며, 가구유형별 분석모형 간에는 설명력에 차이가 나타났다. 실증분석에 적용한 설명변수 중, 접근도는 대부분의 분석모형에서 유의한 변수로 나타났으며, 대체로 접근도가 높은 지역일수록 주거입지로 선택할 확률이 높아지는 것으로 나타났다. 단위면적당 주택가격 관련 변수 중, 매매가격은 낮은 지역일수록 해당 입지를 선택할 확률이 높아졌으며, 전세가격과 월세임대료의 경우, 유의미한 가구유형별 분석모형에서 전세가격과 월세임대료가 높은 지역일수록 높은 주거입지 선택 확률을 나타냈다. 주택허가량 변수 역시 허가량이 많은 지역일수록 주거입지 선택 확률이 높아, 주택시장에서 공급에 따른 유발수요 또는 개발에 따른 입지선택의 효과가 존재함을 확인하였다.

③ 주택 점유형태 선택

우리나라 주택시장에서는 다른 나라와 구별되는 독특한 임대차제도인 전세의 존재로 인하여, 주택 점유형태가 주거입지 변화에 영향을 미칠 수 있다. 주택 점유형태와 주거입지 선택 사이의 관계는 예산 제약 범위 내에서 교통비용과 주거비용 간의 상쇄효과가 존재한다. 이러한 현상이 발생하는 원인은 전세가 월세에 비하여 상대적으로 적은 주거비용이 소요되기 때문이다. 전세 선택을 통하여 상대적으로 낮은 주거비용과 높은 교통비용을 소비하거나, 월세 선택을 통하여 상대적으로 높은 주거비용과 낮은 교통비용을 소비할 수도 있다. 주거입지와 주택 점유형태의 관계와 관련하여 가구의 주택 점유형태 선택과 관련한 영향요인으로 자산과 소득 등 경제적 상황이 미치는 영향을 분석하였다.

분석 결과, 주택 점유형태 분석모형은 대체로 높은 적합도를 보였다. 가구유형별로 다소 차이는 있으나, 일반적으로 자가 선택을 기준으로 자산규모가 작은 가구일수록 전세를 선택할 확률이 높아졌으며, 자산규모가 더욱 작고 월소득이 많은 가구일수록 월세를 선택할 확률이 높아진다는 것을 확인하였다.

3) 저출산·고령화 시대의 주거입지 변화 예측

장기적인 주거입지 변화의 예측은 도시를 구성하는 여러 하위요소들 사이의 상호작용을 토대로 한 예측 방법론을 적용할 필요가 있다. 따라서 장기 주거입지 모델이 포함하는 내용적 범위는 주거입지 선택 자체만이 아닌 가구구조의 변화, 주거이동 결정, 주거입지 선택, 그리고 주택 점유형태 선택에 이르는 일련의 변화과정 전체를 포함해야 한다.

토지이용－교통 상호작용 기반의 장기 주거입지 모델에는 국내의 주택시장 관련 특성이 적정수준으로 포함되어야 하며, 이와 관련한 최근의 핵심적인 변화 양상은 인구·가구구조의 변화와 주택 임대시장에서의 전세와 월세 비중의 변동이다. 주택시장에서의 이러한 변화 추세는 보다 장기적 관점에서의 영향력을 면밀히 검토할 필요가 있는 특성이다.

그리고 토지이용－교통 상호작용에서 교통부문의 역할은 교통수단 또는 교통시설의 이용 편리성 측면으로 한정되지 않고 토지이용과 교통체계를 이용함으로써 얻을 수 있는 잠재적 기회 또는 입지적 매력을 나타내는 접근도 개념에 토대를 두어야 한다. 이를 위하여 도로교통과 대중교통 네트워크를 모두 고려함으로써 실제 교통여건에 근접한 상황에서 도출한 지역 간 교통비용 자료가 필요함을 확인하였다.

국내 주택시장 특성을 고려한 장기 주거입지 모델의 개발 방향은 다음과 같다. 첫째, 토지이용－교통 상호작용에 기초한 장기적인 주거입지 변화 예측, 둘째, 가구의 이주와 관련한 일련의 과정 전반을 구조화한 모델 구성, 셋째, 모델 적용 변수 및 모형 설정과 관련하여 국내 주택시장의 특성에 대한 적정수준의 반영, 그리고 넷째, 주거입지 예측에 이용 가능한 제반 여건을 고려한 적정수준의 범위와 상세화 정도의 설정이 모델 개발의 주요 방향이다.

가구구조 변화 모형은 연령, 가구원 수, 생애주기 등에 의해 유형화한 가구들의 전출·입, 생성·소멸, 변화에 대한 장래 추계를 수행하는 세부모형으로, 가구구조 변화 양상이 상이한 지역을 구분하여 적용할 수 있어야 한다. 주거이동 결정 모형에서는 가구유형 변화에 따른 주거이동과 자발적 주거이동을 구분하여 주거이동률을 산정하여 적용함으로써 주거이동 실행 가구 수와 주거이동에 따른 잔여 주택의 총량을 산정하는 형태가 요구된다. 주택 공급형태 변화 항목과 관련하여, 주거이동에 의한 잔여 주택의 주택 점유형태 변화를 외생자료(인구총조사 자료)를 활용하여 주택 점유형태별 비율 변화 추이를 적용할 수 있다. 그리고 주택 공급형태 변화 모형은 가구의 주거이동으로 인한 잔여 주택과 신규 주택에 대한 주택 공급형태별 총량을 모델링하는 세부모형으로, 주거입지 선택 모형의 점유형태 선택 단계와 관련한 공급형태별 주택 총량에 대한 정보를 도출할 수 있는 형태를 제안하였다. 주거입지 선택 모형은 전입 또는 신규 형성 가구, 그리고 주거이동 실행 가구의 주거입지와 주택 점유형태를 결정하는 세부모형으로, 주거입지 선택에 적용되는 변수로 신규 주택 공급량, 주택 매매가격, 주거환경 수준을 제시하였으며, 주거입지 선택 시 주택의 점유형태 선택 과정을 함께 예측하는 모형을 제시하였다.

이 책에서 제시한 토지이용－교통 상호작용 기반의 장기적 주거입지 변화 예측을 위한 개념적 모델과 관련하여 보완 또는 발전이 필요한 부분은 다음과 같다. 제시한 모델이 장기예측을 위하여 토지이용－교통 상호작용 이론에 기초하고 있기 때문에 다양한 관련 변수의 적용에 제약이 있었다. 따라서 주거입지 선택 모형의 주거입지 선택 단계에 대한 실증분석 결과에서 확인된, 노년층 1인 가구와 노년층 부부가구의 낮은 설명력을 보완하기 위해 필요한 설명변수의 보완이 요구된다. 실증분석에 있어 시·군·구를 분석의 공간단위로 설정한 점은 보다 세밀한 공간단위에서의 추가적인 분석이 필요하다. 더불어, 실증분석의 시점 역시 2005년을 대상으로 횡단면 분석만을 수행하였다는 한계점 역시 보완할 필요가 있다. 즉 시계열적으로 변화하는 주거입지 선택의 요인별 영향력에 대한 변화는 추가적인 검토가 필요하다. 이 책에서 제시한 가구구조 변화 모형, 주거이동 결정 모형, 주택 점유형태 변화 모형, 그리고 주거입지 선택 모형 등 각 세부모형 중 주택 점유형태 변화 모형을 외생자료에 기초하여 단순화한 형태로 제시한 것도 한계점이다. 뿐만 아니라 각 세부모형에서 전제한 여러 가정들 역시 완화시켜야 할 부분이며, 개념적 모델이 아닌 실제 도시에 적용 가능한 모델로 개발하는 것을 목표로 향후 더욱 발전적인 연구가 진행되길 기대한다.

❑ 참고문헌

곽인숙 · 김순미, 1996, "가족생활주기별 주거소비 및 주거이동 지향성에 관한 연구", 한국가정관리학회지, 제14권, 제4호, 한국가정관리학회, 서울, 233－248쪽.

국가교통DB센터, 2009, 2008년 전국 지역 간 OD 및 네트워크 설명자료, 한국교통연구원, 경기 고양.

국토해양부, 2008, 2008년도 주택종합계획, 경기 과천.

권용우 · 이자원, 1995, "수도권 인구이동의 공간적 특성에 관한 연구", 국토계획, 제30권, 제4호, 대한국토 · 도시계획학회, 서울, 21－39쪽.

금기반 · 여홍구, 1991, "서울시 거주자의 입지분포 특성 및 이동패턴 분석 연구", 국토계획, 제26권, 제2호, 대한국토 · 도시계획학회, 서울, 95－123쪽.

김경수, 2004, "비정상 마르코프 연쇄모형에 의한 부산권 인구분포예측 연구", 국토계획, 제39권, 제4호, 대한국토 · 도시계획학회, 서울, 19－30쪽.

김경수 · 장욱, 2003, "정상 마르코프 연쇄모형에 의한 부산권 인구분포예측 연구", 국토계획, 제38권, 제4호, 대한국토 · 도시계획학회, 서울, 33－46쪽.

김성배, 1992, "사용자비용의 개념과 그 활용에 관하여", 국토, 통권132호, 국토연구원, 경기 안양, 36－40쪽.

김완중 · 송경희 · 손은경 · 강전은, 2010, 중장기 주택시장 변화요인 점검 및 전망, 하나 금융정보, 제35호, 하나금융경영연구소, 서울.

김윤기, 1988, "도시내 주거이동에 관한 이론적 고찰 및 한국적 연구모형의 개발", 지적논총, 제1권, 청주대학교 지적학회, 충북 청주, 49－89쪽.

김익기, 1994, "토지이용－교통모형의 이론적 비교분석", 국토계획, 제29권, 제4호, 대한국토 · 도시계획학회, 서울, 135－155쪽.

김익기, 1995, "장기 교통정책분석을 위한 모형", 국토계획, 제30권, 제1호, 대한국토 · 도시계획학회, 서울, 155－167쪽.

김정수 · 이주형, 2004, "가구특성에 따른 주택선택행태에 관한 연구", 국토계획, 제39권, 제1호, 대한국토 · 도시계획학회, 서울, 191－204쪽.

김정호, 1987, "도시가구의 주거이동과 정책적 시사-서울시를 사례로-", 주택, 제48권, 대한주택공사, 서울, 4-19쪽.

김준형・최막중, 2009, "지역주택가격이 임차가구의 점유형태와 주거입지 이동에 미치는 영향", 국토계획, 제44권, 제4호, 대한국토・도시계획학회, 서울, 109-118쪽.

김창석, 2002, "서울시 상류계층(파워엘리트)의 주거지역 분포특성과 형성요인에 관한 연구", 국토계획, 제37권, 제5호, 대한국토・도시계획학회, 서울, 65-85쪽.

김태경・박헌수・권대한, 2009, 도시성장관리모형 구축을 위한 기초연구, 경기개발연구원, 경기도 수원.

김태경, 2009, "주택의 소유형태에 따른 소유회전율 결정요인에 관한 연구", 국토계획, 제44권, 제3호, 대한국토・도시계획학회, 서울, 125-135쪽.

김태경, 2010, "주택의 소유기간에 영향을 미치는 정책변수에 관한 연구-성남시와 안양시를 대상으로-", 국토계획, 제45권, 제5호, 대한국토・도시계획학회, 서울, 105-116쪽.

김태현, 2008, "서울시내 주거이동의 시・공간적 특성", 서울대학교 환경대학원 환경계획학과 박사학위논문, 서울.

김홍배・김재구・임병철, 2009, "조성법과 Markov Chain 모형을 결합한 지역인구예측모형에 관한 연구", 국토계획, 제44권, 제6호, 대한국토・도시계획학회, 서울, 139-146쪽.

남재량・성재민・최효미・신선옥・배기준, 2010, 한국노동패널 1~11차연도 조사자료 User's Guide, 한국노동연구원, 서울.

노승철, 2010, "위계선형모형을 이용한 주거이동 요인 및 지역 간 차이 분석", '마이크로데이터 활용사례 공모전 당선논문', 통계청, 대전.

대한국토・도시계획학회 편저, 2002, 토지이용계획론 개정판, 보성각, 서울.

대한국토・도시계획학회 편저, 2008, 토지이용계획론 3정판, 보성각, 서울.

대한국토・도시계획학회 편저, 2008, 도시계획론 5정판, 보성각, 서울.

마강래・강은택, 2011, "최초 주택구입 기간에 영향을 미치는 요인에 관한 연구-생존분석을 중심으로-", 국토계획, 제45권, 제1호, 대한국토・도시계획학회, 서울, 51-63쪽.

문태훈, 2007, 시스템사고로 본 지속가능한 도시, 집문당, 경기 파주.

박병식, 2002, "전・월세제도의 이론적 고찰-모의실험을 통한 투자수익률 계산을 중심으로-", 부동산학연구, 제8권, 제1호, 한국부동산분석학회, 서울, 57-69쪽.

박정희, 1991, "도시 주거계층연구-분석모형의 탐색-", 경희대학교 대학원 박사학위논문, 서울.

박재빈, 2006, 생존분석: 이론과 실제, 신광출판사, 서울.

서원석·김성연·양광식, 2010, "주거환경이 주택거주기간에 미치는 결정요인 분석", 도시행정학보, 제23권, 제2호, 도시행정학회, 3-22쪽.

손은경, 2011, 전세시장의 불안요인 및 시장변화 가능성 점검, 하나 금융정보, 제13호, 하나금융경영연구소, 서울.

송경일·안재억, 2006, SPSS for window를 이용한 생존분석, 도서출판 한나래, 서울.

수도권교통본부, 2009, 수도권 장래교통 수요예측 및 대응방안 연구, 서울.

신은진·안건혁, 2010, "소득별 1인가구의 거주지 선택에 영향을 미치는 요인에 대한 연구: 서울시 거주 직장인을 대상으로", 국토계획, 제45권, 제4호, 대한국토·도시계획학회, 서울, 69-79쪽.

양재섭·김상일 2007, 서울 대도시권의 주거이동 패턴과 이동가구 특성, 서울시정개발연구원, 서울.

원광희, 2003, "고속도로건설에 따른 지역간 접근성 변화분석", 도시행정학보, 제16집, 제1호, 한국도시행정학회, 서울, 49-81쪽.

윤대식, 2011, 도시모형론: 분석기법과 적용 제4판, 홍문사, 서울.

윤복자, 1992, "주거학을 중심으로 한 주거이동의 학문적 체계", 한국주거학회 학술발표대회 논문집, 제3권, 한국주거학회, 서울, 11-31쪽.

이경환, 2008, "지역주민들의 사회적 관계가 주거이동 결정에 미치는 영향-서울시 12개 행정동을 대상으로-", 국토계획, 제43권, 제5호, 대한국토·도시계획학회, 서울, 23-33쪽.

이승일·이주일·고주연·이창효, 2011, "토지이용-교통 통합모델의 개발과 운영", 도시정보, 제356호, 대한국토·도시계획학회, 서울, 3-17쪽.

이창효·남진·김진하, 2009, "서울시 주거환경의 평가와 주택가격과의 정합성 분석", 국토계획, 제44권, 제3호, 대한국토·도시계획학회, 서울, 109-123쪽.

이창효·이승일, 2012, "가구 구성원 변화에 따른 주거이동 영향 요인 분석-수도권 거주가구의 주택 거주기간을 고려하여-", 국토계획, 제47권, 제4호, 대한국토·도시계획학회, 서울, 205-217쪽.

이채성, 2007, "가구주 특성에 따른 주택점유형태차이", 대한건축학회 논문집(계획계), 제23권, 제2호, 대한건축학회, 서울, 119-127쪽.

이홍일·박철한, 2011, 중장기 국내 주택시장 전망-수요 및 공급요인 분석을 중심으로-, 건설이슈포커스, 한국건설산업연구원, 서울.

이희연, 2007, "지속가능한 도시개발을 위한 계획지원시스템의 구축과 활용에 관한 연구", 대한지리학회지, 제42권, 제1호, 대한지리학회, 서울, 133-155쪽.

임창호·이창무·손정락, 2002, "서울 주변지역의 이주 특성 분석", 국토계획, 제3권, 제4호, 대한국토·도시계획학회, 서울, 95-108쪽.

전병힐, 2008, "평균 은퇴연령에 대하여", 재정포럼, 8월호, 한국조세연구원, 서울, 19-39쪽.

정승재, 2009, 국내주택시장의 특성과 중장기 수급 및 가격전망, KIS Credit Monitor, 한국신용평가, 서울.

정의철, 1996, "주택점유형태의 결정 및 자가주택수요에 적합한 사용자비용 및 소득세율", 재정논집, 제11집, 한국재정학회, 서울, 163-184쪽.

정일호·강미나·이백진·김혜란·서민호, 2010, 주택정책과 교통정책의 연계성 강화방안: 수도권 가구통행 및 주거입지 분석을 중심으로, 국토연구원, 경기도 안양.

조덕호, 1995, "Filtering Theory and Housing Policy Alternatives", 국토계획, 제30권, 제4호, 대한국토·도시계획학회, 서울, 295-308쪽.

조재순, 1992, "주거이동을 통한 가족의 주거환경 변화조정", 한국주거학회지, 제3권, 제1호, 한국주거학회, 서울, 1-19쪽.

천현숙, 2004, "수도권 신도시 거주자들의 주거이동 동기와 유형", 경기논단, 봄호, 경기개발연구원, 경기 수원, 91-111쪽.

최내영·고승미, 2003, "주거지 환경선호에 대한 시간적 추이에 따른 변화양상 고찰", 한국도시설계학회지, 제4권, 제4호, 한국도시설계학회, 서울, 5-16쪽.

최막중·임영진, 2001, "가구특성에 따른 주거입지 및 주택유형 수요에 관한 실증분석", 국토계획, 제36권, 제6호, 대한국토·도시계획학회, 서울, 69-81쪽.

최막중·고진수, 2001, "주택유형 간 유동성 차이에 관한 연구: 단독주택과 아파트의 매매사례를 중심으로", 국토계획, 제41권, 제3호, 대한국토·도시계획학회, 서울, 83-93쪽.

최미라·박강철, 1996, "지방도시의 주거이동특성과 추정모델에 관한 연구-광주, 춘천, 목포시 아파트 거주자를 중심으로-", 대한건축학회논문집, 제12권, 제11호, 대한건축학회, 서울, 3-14쪽.

최미라·임만택, 1994, "주거이동의 동기와 유형의 지역간 비교 연구-광주

와 순천시를 중심으로-", 대한건축학회논문집, 제10권, 제11호, 대한
건축학회, 서울, 155-163쪽.

최성호·이창무, 2009, "매매, 전세, 월세 시장간 관계의 구조적 해석", 주택
연구, 제17권, 제4호, 한국주택학회, 서울, 183-206쪽.

최열, 1999, "도시내 주거이동 결정요인과 희망 주거지역 분석", 국토계획, 제
34권, 제5호, 대한국토·도시계획학회, 서울, 19-30쪽.

최열·임하경, 2005a, "Poisson Regression을 이용한 주거정주의 결정요인 분
석", 제46권, 국토연구원, 경기 안양, 99-114쪽.

최열·임하경, 2005b, "장소애착 인지 및 결정요인 분석", 국토계획, 제40권,
제2호, 대한국토·도시계획학회, 서울, 53-64쪽.

최은선·남진, 2011, "자가가구와 전세가구의 거주기간에 미치는 영향 요인의 비
교분석", 서울도시연구, 제12권, 제4호, 서울연구원, 서울, 123-136쪽.

최은영·조대헌, 2005, "서울시 내부 인구이동의 특성에 관한 연구", 한국지
역지리학회지, 제11권, 제2호, 한국지역지리학회, 경북 경산, 169-
186쪽.

최창규·지규현, 2007, "전세와 월세에 대한 구조적 해석: 금융조건 및 임차
인의 자산 제약을 중심으로", 국토계획, 제42권, 제3호, 대한국토·도
시계획학회, 서울, 215-226쪽.

최현정·김창석·남진, 2004, "주택재건축사업의 주거이동에 따른 주변지역
전세가격의 변화에 대한 연구", 국토계획, 제39권, 제6호, 대한국토·
도시계획학회, 서울, 103-113쪽.

하성규, 2006, 주택정책론 제3전정증보판, 박영사, 서울.

한대현, 1986, "주거이동 결정과정의 개념적 모델 정립에 관한 연구", 지리학
연구, 제11집, 한국지리교육학회, 대구, 35-52쪽.

허만형, 1994, "로짓 회귀 분석의 논리와 사용 방법", 정책분석평가학회보, 제
4권, 제1호, 한국정책분석평가학회, 서울, 281-299쪽.

Ambrose, B. W. and Kim, S., 2003, "Modeling the Korean Chonsei Lease
Contract", *Real Estate Economics*, Vol.31, No.1, pp.53-74.

Alonso, W., 1964, *Location and Land Use*, Harvard University Press, Cambridge.

Arentze, T., Timmermans, H. and Veldhuisen, J., 2010, "The Residential Choice
Module in the Albatross and Ramblas Model Systems", in *Residential
Location Choice: Models and Applications*(Pagliara, F., Preston, J. and
Simmonds, D. eds.), Springer, Verlag Berlin Heidelberg, pp.209-222.

Archer, W. R., Ling, D. C. and Smith, B. C., 2010, "Ownership Duration in the Residential Housing Market: The Influence of Structure, Tenure, Household and Neighborhood Factors", *Journal of Real Estate Finance and Economics*, Vol.40, No.1, pp.41—51.

Brown, L. A. and Holmes, J., 1971, "Search Behaviour in An Intra—urban Migration Context: A Spatial Perspective", *Environment and Planning A*, Vol.3, pp.307—326.

Brown, L. A. and Longbrake, D. B., 1970, "Migration Flows in Intraurban Space: Place Utility Considerations", *Annals of the Association of American Geographers*, Vol.60, No.2, pp.368—384.

Brown, L. A. and Moore, E. G., 1970, "The Intra—Urban Migration Process: A Perspective", *Geografiska Annaler, Series B, Human Geography*, Vol.52, No.1, pp.1—13.

Brummell, A., 1979, "A Model of Intraurban Mobility", *Economic Geography*, Vol.55, No.4, pp.338—352.

Chevan, A., 1971, "Family Growth, Household Density, and Moving", *Demography*, Vol.8, No.4, pp.451—458.

Cho, D., 2006, "Interest Rate, Inflation, and Housing Price: With an Emphasis on Chonsei Price in Korea", in Ito, T. and Rose, A. K.(eds.), *Monetary Policy under Very low Inflation in the Pacific Rim*, NBER—EASE, Vol.15, University of Chicago Press, pp.341—370.

Constant, A. and Zimmerman, K., 2003, *The Dynamics of Repeat Migration: A Markov Chain Analysis, Working Paper 85*, The Center for Comparative Immigration Studies, University of California, San Diego.

de Palma, A., Moramei, K., Picard, N. and Waddell, P., 2005, "A Model of Residential Locaton Choice with Endogenous Housing Prices and Traffic for the Paris Region", *European Transport*, Vol.31, pp.67—82.

de Palma, A., Picard, N. and Waddell, P., 2007, "Discrete Choice Models with Capacity Constraints: An Empirical Analysis of the Housing Market of the Greater Paris Region", *Journal of Urban Economics*, Vol.62, pp.204—230.

Dieleman, F. M., 2001, "Modelling Residential Mobility; A Review of Recent Trends in Research", *Journal of Housing and the Built Environment*, Vol.16, pp.249—265.

Eliasson, J., 2010, "The Influence of Accessibility on Residential Location", in *Residential Location Choice: Models and Applications*(Pagliara, F., Preston, J.

and Simmonds, D. eds.), Springer, Verlag Berlin Heidelberg, pp.137 – 164.

Feldman, O., Mackett, R., Richmond, E., Simmonds, D. and Zachariadis, V., 2010, "A Microsimulation Model of Household Location", in *Residential Location Choice: Models and Applications*(Pagliara, F., Preston, J. and Simmonds, D. eds.), Springer, Verlag Berlin Heidelberg, pp.223 – 241.

Hansen, W. G., 1959, "How Accessibility Shapes Land Use", *Journal of the American Institute of Planners*, Vol.25, Issue.2, pp.73 – 76.

Harris, B., 1985, "Urban Simulation Models in Regional Science", *Journal of Regional Science*, Vol.25, Issue.4, pp.545 – 567.

Hunt, J. D., 2010, "Stated Preference Examination of Factors Influencing Residential Attraction", in *Residential Location Choice: Models and Applications*(Pagliara, F., Preston, J. and Simmonds, D. eds.), Springer, Verlag Berlin Heidelberg, pp.21 – 59.

Hunt, J. D., Abraham, J. E. and Weidner, T. J., 2010, "Household Behaviour in the Oregon2 Model", in *Residential Location Choice: Models and Applications*(Pagliara, F., Preston, J. and Simmonds, D. eds.), Springer, Verlag Berlin Heidelberg, pp.181 – 208.

Iacono, M., Levinson, D. and El – Geneidy, A., 2008, "Model of Transportation and Land Use Change: A Guide to the Territory", *Journal of Planning Literature*, Vol.22, No.4, pp.324 – 340.

Knox, P. and Pinch, S., 2009, *Urban Social Geography: An Introduction 6th Edition*, Prentice Hall, New Jersey.

Li, H. and Wu, Z., 2009, "The Application of Markov Chain into the Forecast for Population Age Structure in Shanghai", Computational Intelligence and Software Engineering, International Conference, in Wuhan China.

Long, L. H., 1972, "The Influence of Number and Ages of Children on Residential Mobility", *Demography*, Vol.9, No.3, pp.371 – 382.

Lowry, I. S., 1964, *A Model of Metropolis*, Rand Corporation, Santa Monica, CA.

Martinez, F. and Donoso, P., 2010, "The MUSS II Land Use Auction Equilibrium Model", in *Residential Location Choice: Models and Applications*(Pagliara, F., Preston, J. and Simmonds, D. eds.), Springer, Verlag Berlin Heidelberg, pp.99 – 114.

McFadden, D., 1981, "Econometric Models of Probabilistic Choice", in *Structural Analysis of Discrete Data with Econometric Applications*(Manski, C. F. and

McFadden, D. eds.), The MIT Press, Cambridge, pp.198－272.

Mills, E. S., 1972, *Urban Economics*, Scott Foresman, Illinois Glenview.

Molin, E., Oppewal, H. and Timmermans, H., 1999, "Group－based Versus Individual－based Conjoint Preference Models of Residential Preferences: A Comparative Test", Environment and Planning A, Vol.31, Issue.11, pp.1935－1947.

Moore, E. G., 1972, "Residential Mobility in the City", *Association of American Geographers Resource Paper*, No.13, pp.1－53.

Morris, E. W. and Winter, M., 1975, "A Theory of Family Housing Adjustment", *Journal of Marriage and the Family*, Vol.37, Issue.1, pp.79－88.

Muth, R. F., 1969, *Cities and Housing*, University of Chicago Press, Chicago.

Newman, S. J. and Duncan, G. J., 1979, "Residential Problems, Dissatisfaction and Mobility", *Journal of the American Planning Association*, Vol.45, pp.154－166.

Pagliara, F., Preston, J. and Kim, J. H., 2010, "The Impact of Transport Policy on Residential Location", in *Residential Location Choice: Models and Applications*(Pagliara, F., Preston, J. and Simmonds, D. eds.), Springer, Verlag Berlin Heidelberg, pp.115－136.

Pagliara, F. and Simmonds, D., 2010, "Conclusion", in *Residential Location Choice: Models and Applications*(Pagliara, F., Preston, J. and Simmonds, D. eds.), Springer, Verlag Berlin Heidelberg, pp.243－248.

Pagliara, F. and Wilson, A., 2010, "The State－of－the－Art in Building Residential Location Models", in *Residential Location Choice: Models and Applications*(Pagliara, F., Preston, J. and Simmonds, D. eds.), Springer, Verlag Berlin Heidelberg, pp.1－20.

Pickavance, C. G., 1973, "Life－cycle, Housing Tenure and Intra－urban Residential Mobility: A Causal Model", *Sociological Review*, Vol.12, Issue.2, pp.279－297.

Rossi, P. H., 1955, *Why Families Move: A Study in the Social Psychology of Urban Residential Mobility*, Free Press, New York.

Short, J. R., 1978, "Residential Mobility", *Progress in Human Geography*, Vol.2, pp.419－447.

Simmonds, D., 1999, "The Design of the DELTA Land－use Modelling Package", *Environment and Planning B: Planning and Design*, Vol.26,

Issue.5, pp.665－684.

Simmonds, D., 2010, "The DELTA Residential Location Model", in *Residential Location Choice: Models and Applications*(Pagliara, F., Preston, J. and Simmonds, D. eds.), Springer, Verlag Berlin Heidelberg, pp.77－97.

Simmonds, D., Waddell, P. and Wegener, M., 2011, "Equilibrium v. Dynamics in Urban Modelling", Simposium on Applied Urban Modelling(AUM 2011), 'Innovation in Urban Modelling', in University of Cambridge, Cambridge, pp.1－20.

Simmons, J. W., 1968, "Changing Residence in the City: A Reviews of Intra－Urban Mobility", *Geographical Review*, Vol.58, No.4, pp.622－651.

Speare, A. Jr., 1974, "Residential Satisfaction as an Intervening Variable in Residential Mobility", *Demography*, Vol.11, No.2, pp.173－188.

Timmermans, H., Borgers, A., van Dijk, J. and Oppewal, H., 1992, "Residential Choice Behaviour of Dual Earner Households: A Decompositional Joint Choice Model", *Environment and Planning A*, Vol.24, Issue.4, pp.517－533.

Varady, D. P., 1980, "Determinants of Residential Mobility Decisions", *Journal of American Planning Association*, Vol.49, Issue.2, pp.184－199.

Waddell, P., 2010, "Modelling Residential Location in UrbanSim", in *Residential Location Choice: Models and Applications*(Pagliara, F., Preston, J. and Simmonds, D. eds.), Springer, Verlag Berlin Heidelberg, pp.165－180.

Wegener, M., 1994, "Operational Urban Models: State of the Art", Journal of the American Planning Association, Vol.60, Issue.1, pp.17－29.

Wegener, M., 1996, "Reduction of CO_2 Emissions of Transport by Reorgaisation of Urban Activities", in *Transport, Land －Use and the Environment*(Hayashi, Y. and Roy, J. eds.), Kluwer Academic Publishers, Dordrecht, pp.103－124.

Wegener, M., Gnad, F. and Vannahme, M., 1986, "The Time Scale of Urban Change", in Advances in Urban Systems Modelling(Hutchinson, B. and Batty, M. eds.), North Holland, Amsterdam, pp.175－197.

Wolpert, J., 1965, "Behavioral Aspects of the Decision to Migrate", *Papers of the Regional Science Association*, Vol.15, pp.159－169.

Woo, M. and Moorrow－Jones, H. A., 2011, "Main factors associated with homeowners' intentions to move", *International Journal of Urban Sciences*, Vol.15, No.3, pp.161－186.

이창효

2012년 서울시립대학교에서 도시공학 박사학위를 받고, 현재 동 대학의 도시공학과에서 연구교수로 재직 중에 있다.

도시에서 발생하는 활동과 공간의 장기적인 변화에 대한 예측 분야에 관심을 가지고 다양한 학술연구를 수행하였으며, 최근에는 주거지와 관련한 도시민의 입지선택과 활동 패턴, 그리고 주거환경의 변화에 대한 연구를 진행하고 있다.

「서울시 주거환경의 평가와 주택가격과의 정합성분석」(2009)
「서울시 1인가구의 밀집지역 분석과 주거환경평가」(2010)
「가구 구성원 변화에 따른 주거이동 영향 요인 분석」(2012)
「Urban Structure Hierarchy and the Relationship between the Ridership of the Seoul Metropolitan Subway and the Land-Use Pattern of the Station Areas」(2013)
「An Empirical Analysis of the Characteristics of Residential Location Choice in the Rapidly Changing Korean Housing Market」(2014) 등 다수

저출산 · 고령화 시대
수도권의 주택시장 특성과
장기적 주거입지 변화 예측

초판인쇄 2014년 5월 15일
초판발행 2014년 5월 15일

지은이 이창효
펴낸이 채종준
펴낸곳 한국학술정보㈜
주소 경기도 파주시 회동길 230(문발동)
전화 031) 908-3181(대표)
팩스 031) 908-3189
홈페이지 http://ebook.kstudy.com
전자우편 출판사업부 publish@kstudy.com
등록 제일산-115호(2000. 6. 19)

ISBN 978-89-268-6167-7 93330